ELOGIOS PARA RACHEL HOLLIS Y
AMIGA, DEJA DE DISCULPARTE

«Rachel Hollis es una líder que vive en voz alta con el deseo en su corazón de ayudar a las mujeres a perseguir tenazmente su propósito y sus sueños sin disculparse. La habilidad de Rachel para compartir historias y principios con una cruda sinceridad inspira a sus lectoras a descubrir y dar los pasos prácticos que las situarán en un camino de crecimiento personal para toda la vida».

–Dr. John C. Maxwell, autor y experto en liderazgo

«¿Alguna vez te has sentido atascada? ¿Alguna vez has batallado a fin de sacar tiempo para tus sueños, o incluso para admitir ante ti misma esos sueños? En *Amiga, deja de disculparte*, Rachel Hollis señala los obstáculos, los retos y las excusas que evitan que alcancemos nuestras metas. Ella habla con un candor refrescante (y con frecuencia divertidísimo) sobre sus propias experiencias y errores, y ofrece consejos concretos sobre cómo crear la vida que queremos».

–Gretchen Rubin, autora del éxito de ventas del
New York Times, The Happiness Project

«*Amiga, deja de disculparte* es la guía transformadora (¡y el permiso!) que todos necesitamos para deshacernos de nuestras excusas, abrazar nuestros sueños, establecer límites, y obtener verdadera confianza e ímpetu en la vida. Es cómo vencer "toda una vida de agradar a los demás" y comenzar a crear la vida vibrante y auténtica que merecemos. Es una lectura obligada a fin de tomar en tus propias manos tu destino. ¡Me encantó cada página!».

–Brendon Burchard, autor número 1 de los éxitos de
venta del *New York Times, The Millionaire Messenger, The
Motivation Manifesto,* y *High Performance Habits*

«En raras ocasiones un libro posterior sobrepasa al primero, y sin embargo, en *Amiga, deja de disculparte*, Rachel realmente impresiona. Ella es tu hermana sabia, repartiendo consejos profundos y certeros que literalmente tienen la capacidad de cambiar tu vida».

–Courtney Cole, autora exitosa del *New York Times*

«¡Rachel es la Oprah actual y la versión femenina de Tony Robbins! Ella proporciona un lugar seguro para que las mujeres sueñen en grande y crean en sí mismas, a la vez que también ofrece el amor firme que todas las mamás estupendas dan a sus hijos para que se apropien de su vida, y proporciona las claves para el éxito. Rachel es directa, genuina y está llena de vida. Combina emoción, humor y palabras directas para hacernos creer y que todos veamos cómo podemos tener la vida que queremos si hemos invertido el tiempo y hemos aprendido a llegar hasta ahí. ¡Agarra este libro y *deja de disculparte*!».

—Lewis Howes, autor exitoso del *New York Times* y presentador de *Escuela de grandeza*

RACHEL HOLLIS

AMIGA, DEJA DE DISCULPARTE

UN PLAN SIN PRETEXTOS PARA ABRAZAR Y ALCANZAR TUS METAS

GRUPO NELSON
Desde 1798

NASHVILLE   MÉXICO DF.   RÍO DE JANEIRO

Editora general: *Graciela Lelli*
Traducción: *Belmonte Traductores*
Adaptación del diseño al español: *Mauricio Diaz*

ISBN: 978-1-4002-1354-2 Tapa blanda
ISBN: 978-1-40411-158-5 Tapa dura

Impreso en Estados Unidos de América
19 20 21 22 23 LSC 5 4 3 2 1

A mi hija, Noah.

Vive tu vida sin disculpas,
en celebración de como Dios te creó.

CONTENIDO

INTRODUCCIÓN

Y SI...

Cuando originalmente comencé a escribir este libro, mi plan era titularlo *Sorry, Not Sorry* [Lo siento, no lo siento]. Y sí, basaba el título en una canción de Demi Lovato. De hecho, me aventuraría a decir que esa canción me dio el ímpetu para todo este libro.

Imagina, si quieres, a finales del verano de 2017 cuando la escuché por primera vez. Era una soleada mañana de lunes. Sé que era lunes en la mañana porque todo mi equipo estaba bailando alrededor de nuestra mesa de conferencias, alentándose y preparándose para nuestra reunión semanal de inicio de semana. Y sé que era una mañana soleada porque era verano en Los Ángeles; los exorbitantes impuestos sobre bienes raíces aseguran que la meteorología nunca estará por debajo de unos templados 73 grados (23 °C).

Siempre bailamos antes de las grandes reuniones, porque eso aumenta nuestra energía y nos ubica en el marco mental correcto. Cada semana (para que las cosas sean justas) rotamos el papel de hacer de DJ, la persona en nuestro equipo que escoge nuestra música para animarnos. Ese verano, el equipo completo (aparte de mí) tenía menos de veintiocho años, de modo que era una caja de chocolates de mileniales: nunca se sabía lo que ibas a tener. Ese lunes en particular oí la canción por primera vez.

Fue amor a primera escucha.

Si nunca has bailado al ritmo de esta canción en particular, deberías añadirla inmediatamente a tu lista de reproducción para hacer ejercicio. Es animada, divertida e irreverente hasta el punto del reto; el tipo exacto de inspiración que quieres antes de una intensa sesión de cardio o una primera vuelta en las elecciones locales a la alcaldía.

Demi nos deja saber que luce espléndida, se siente estupendamente, y vive su vida según sus propios términos. Y lo siente, pero no lo siente. Yo vivo para este tipo de sesión de música improvisada. Es muy pop, pegadiza, y encaja fácilmente en el arsenal de música que utilizo para darme a mí misma energía o alterar mi estado de ánimo.

Tras esa primera experiencia, me encapriché con la canción. La escuchaba en la ducha, en el gimnasio, en el auto; incluso llegué a poner la versión del grupo juvenil Kidz Bop cuando mis hijos estaban cerca para poder mantenerla en circulación. ¡Bueno, eso es compromiso, amiga! Cualquiera que alguna vez haya sufrido a los Kidz Bop podrá atestiguar que es el séptimo círculo del infierno en la educación de los hijos, pero es que me gustaba muchísimo la canción. La escuchaba todo el tiempo, y finalmente surgió una pregunta en mi cabeza: *¿En qué cosas yo no lo siento?*

Verás, Demi no lo siente por vivir la vida según sus términos. No lo siente por lucir bien, sentirse bien o poner celoso a su antiguo novio, o darse un baño de burbujas en un jacuzzi en el salón, si es que su vídeo de la canción es algo para imitar. Pero ¿y qué de mí misma? ¿Cuáles eran las áreas en mi vida por las que me negaba rotundamente a disculparme?

Me gustaría poder decir que cada parte de mi vida es una larga lista de no importarme nada lo que los demás piensen, pero eso no sería veraz por mucho que ahora quiera ponerte un ejemplo.

Como nota aparte, me pasé gran parte de mis últimas vacaciones de Navidad en cama enferma con un terrible resfriado. Utilicé ese tiempo para leer muchas novelas románticas históricas ambientadas en la época de la Regencia con melancólicos duques que siempre estaban diciendo cosas como: «¡Evangeline, me importa un bledo lo que piense la sociedad!» justo antes de besar a la heroína con la pasión de cien mil soles, o lo que sea. Mi resolución de Año Nuevo fue comenzar a usar el término *me importa un bledo* en el lenguaje de cada día. Ya he cumplido mis sueños, y es solamente 2 de enero. ¡Hurra!

Sin embargo, ciertamente, como muchas otras mujeres, sigo en el proceso de sobreponerme a toda una vida de agradar a los demás. Me esfuerzo constantemente por moverme en cada ámbito de mi vida sin que me importen las opiniones de otros, pero es cierto que no siempre lo consigo. Sí, incluso yo, la profesional que da consejos, incluso yo me quedo atrapada a veces dentro del peso abrumador de las expectativas de otras personas y tengo que convencerme a mí misma de salir de ahí. No obstante, será mejor que creas que hay áreas en las que lo he dominado. Hay segmentos completos de mi vida en los que he trabajado duro para mantener mi mirada fija en mis propios valores y no preocuparme por lo que otras personas pudieran pensar de ellos. ¿El mayor ejemplo de esto? Sueños grandes y audaces. Establecerme metas inmensas y quizá ofensivas. Ser una mamá trabajadora orgullosa en lugar de aceptar la marca especial de opresión que se encuentra dentro del remordimiento como mamá. Atreverme a creer que puedo cambiar el mundo ayudando a mujeres como tú a sentirse valientes, orgullosas y fuertes.

Ocasionalmente puedo quedar enredada en la forma de hablar de algún desconocido que es grosero en la Internet acerca de mi cabello, o mi ropa, o mi estilo de escritura; pero ya no paso ni un solo segundo de mi vida preocupándome por lo que otros piensen de mí por tener sueños para mi propia vida.

Abrazar la idea de que puedes querer cosas para ti misma incluso si nadie más entiende los porqués que hay detrás de ellas es la sensación más liberadora y poderosa del mundo. ¿Quieres ser maestra de tercer grado? ¡Maravilloso! ¿Quieres abrir un salón de belleza canino donde te especialices en teñir de color rosa a los caniches? ¡Estupendo! ¿Quieres ahorrar para permitirte unas vacaciones extravagantes donde puedas pedirles a todos que se dirijan a ti como Bianca cuando tu nombre real es Pam? ¡Fantástico!

Sea cual sea el sueño, es tuyo, no mío. No tienes que justificarlo de ningún modo, porque mientras no le pidas a nadie que te dé su aprobación, entonces no necesitas que nadie te dé permiso. De hecho, cuando entiendes que no tienes que justificar tus sueños ante nadie por ningún motivo, ese es el día en que verdaderamente comienzas a dar un paso hacia lo que estas supuesta a ser. No me refiero a que vayas por ahí levantando el dedo corazón de las dos manos, como si fuera una canción de Beyoncé. No me refiero a que te vuelvas amargada y grosera y lances tus metas a la cara de otras personas para demostrar un punto. ¡Me refiero a que te enfoques en el sueño que tienes, hagas el trabajo necesario, emplees horas, y dejes de sentirte culpable por ello!

Tristemente, la mayoría de las personas se pasarán toda la vida sin experimentar nunca nada de eso. Las mujeres en especial son brutales con ellas mismas, y con frecuencia se convencen personalmente de no perseguir sus sueños antes incluso de intentar alcanzarlos.

Eso es una parodia.

Hay mucho potencial sin explotar en personas que tienen demasiado miedo a darse a sí mismas una oportunidad. En este momento hay mujeres leyendo estas líneas que tienen ideas para organizaciones sin fines de lucro que cambiarían el mundo... si solamente tuvieran la valentía de perseguir sus sueños. Hay mujeres leyendo estas líneas que tienen el potencial para desarrollar una empresa que alteraría las vidas de sus familias, y las vidas de otros que serían positivamente afectados por la empresa que ellas crearan... si solamente tuvieran la audacia para creer que funcionaría. En este momento hay mujeres leyendo estas líneas que inventarían la siguiente aplicación genial, diseñarían la siguiente y estupenda línea de moda, escribirían el siguiente libro éxito de ventas, o crearían los productos de belleza con los que todas estaríamos obsesionadas... si solamente creyeran en ellas mismas.

Un sueño siempre comienza con una pregunta, y la pregunta adopta siempre alguna forma de *Y si...*

¿Y si regresara a la escuela?

¿Y si intentara construir eso?

¿Y si me forzara a correr 26,2 millas (42 kilómetros)?

¿Y si me mudara a una nueva ciudad?

¿Y si soy la única que podría cambiar el sistema?

¿Y si Dios puso esto en mi corazón con un motivo?

¿Y si pudiera añadir algún ingreso a nuestra cuenta bancaria?

¿Y si pudiera escribir un libro que ayudara a las personas?

Ese ¿y si...? Ese es tu potencial que llama a la puerta de tu corazón y te ruega que encuentres la valentía para superar todos los temores en tu cabeza. Ese *y si...* está ahí por una razón. Ese *y si...* es tu indicador. Ese *y si...* te dice dónde enfocarte después.

Si cada mujer que escucha ese *y si...* en su corazón le permitiera prender la llama en su interior a fin de perseguir lo que podría ser, no solo se asombraría por lo que es capaz de lograr; también asombraría a todo el mundo. Estoy convencida de que si ella, si nosotras, viviéramos la vida buscando la respuesta a esa pregunta, el efecto sobre el mundo que nos rodea sería atómico.

La mayoría de nosotros conscientemente solo utilizamos un pequeño porcentaje del poder de nuestro cerebro. Sin embargo, ¿has visto alguna vez una de esas películas en las que el protagonista de repente tiene acceso a todo el cerebro? Se toma una pastilla o una agencia secreta del gobierno lo entrena, y repentinamente puede doblar el metal con su mente o resolver la crisis de pobreza mundial en solo unas horas, ya que está utilizando todo su potencial. Estoy convencida de que muchas mujeres en este mundo nuestro son como Peter Parker antes de la picadura radiactiva de la araña: están operando a una fracción de su potencial, porque no han encontrado un catalizador lo bastante fuerte para desatarlo.

Solo una pequeña parte de nuestra población es alentada a creer en sí misma y su potencial desde la niñez y posteriormente. Las personas que se han criado teniendo ventajas tienden a ver más posibilidades. Las personas a quienes desde temprana edad se les enseñó a tener autoestima poseen una mayor probabilidad de creer en sus capacidades cuando son adultas. Las personas con más recursos normalmente perciben una meta como alcanzable con más facilidad que quienes tienen menos. No obstante, ¿y si a ti no te educaron para que creyeras en ti misma? ¿Y si no tuviste las ventajas o muchos recursos? ¿Qué probabilidad tendrías de creer que eres capaz de mucho más? ¿Qué probabilidad tendrías de aferrarte a tu meta cuando te apartan del camino?

Pero, ¿y si te aferraras a ella? ¿Y si creyeras? Y no solo tú, ¿qué tal si todo tipo de mujeres en todo el mundo tomaran la decisión de sustituir las expectativas que otros tienen por sus propias ideas de quiénes podrían llegar a ser?

¿Puedes imaginar si veinticinco por ciento más del mundo, o quince por ciento, o incluso solo cinco por ciento de más mujeres decidieran abrazar su *y si...*? ¿Te imaginas si dejaran de permitir que su potencial quede aplastado por la culpabilidad o la vergüenza que llegan por no ser de cierta manera o ser cierto tipo de mujer? ¿Te imaginas el crecimiento exponencial que veríamos en todo, desde las artes, la ciencia, la tecnología o la literatura? ¿Te imaginas cuánto más alegres y realizadas se sentirían esas mujeres? ¿Te imaginas cómo serían afectadas sus familias? ¿Y qué de la comunidad? ¿Y qué de otras mujeres que ven su éxito y son inspiradas e incentivadas por ello y lo utilizan como un catalizador para iniciar el cambio en sus propias vidas? Si ese tipo de revolución sucediera —una revolución del *y si...*— cambiaríamos al mundo.

En realidad, creo que *podemos* cambiar al mundo. No obstante, antes tenemos que dejar de vivir con temor a ser juzgadas por quiénes somos.

————

He estado sentada aquí durante los últimos doce minutos intentando saber exactamente cómo adentrarme con suavidad en este tema de discusión; sin embargo, ¿sabes qué? Todas somos mujeres adultas; podemos manejarlo. Podemos manejar la conversación real y genuina. Podemos aceptar que alguien ponga nuestra vida frente al espejo, y podemos admitir algunas verdades difíciles cuando se trata de lo que nos está impidiendo avanzar.

Por lo tanto, aquí está: las mujeres tienen miedo de sí mismas.

No, es cierto. Si no tuviéramos miedo de nosotras mismas, no emplearíamos tanto tiempo disculpándonos constantemente por quiénes somos, lo que queremos de la vida, y el tiempo necesario para perseguir ambas cosas.

Para la mujer promedio, la historia discurre de modo parecido a lo siguiente. Cuando llegaste a este mundo, eras total y completamente tú misma. No fue una decisión consciente ser exactamente quien eras; fue algo instintivo. ¿Eras ruidosa? ¿Eras callada? ¿Deseabas arrumacos? ¿Estabas bien sola?

Tus necesidades eran simples, tu enfoque era totalmente nítido, y ni siquiera pensabas sobre ser de cierta manera... sencillamente lo eras. Entonces algo cambió. Sucedió algo grande, algo que moldeó el resto de tu vida, incluso si en ese momento no pudiste ser consciente de ello.

Aprendiste sobre las expectativas.

Ahí estabas, siento la adorable versión de bebecita de ti misma, y de repente eso ya no bastaba. Se esperaba que hicieras cosas: dejar de lanzar tu biberón al piso, dejar de gritar cuando no conseguías lo que querías, comenzar a usar el baño como una persona de verdad, dejar de morder a tu hermano simplemente porque tenías ganas de hacerlo. Sucedieron dos cosas realmente críticas durante el periodo en que pasamos de ser totalmente aceptadas a tener que estar a la altura de alguna expectativa.

La primera es que aprendimos a vivir dentro de las normas sociales. Esto es bueno, porque, hermana, si con treinta y dos años aún siguieras usando un pañal debido a que nadie te ayudó a saber cómo usar un inodoro, eso no sería bonito.

La segunda cosa que sucedió es que aprendimos cómo conseguir la atención, y para un niño, atención es lo mismo que amor. De hecho, si no aprendiste nada mejor que eso, te pasarás toda la vida creyendo que tener la atención de alguien significa que eres amada. Ver: las redes sociales en general.

Escucha, porque estoy a punto de decirte algo que puede ayudarte a entender literalmente a cada persona que conoces y posiblemente a ti misma también. Cuando eras una recién nacida, necesitabas cuidados y atención constantes para seguir con vida, pero en algún momento dejaste de recibir esa atención completa porque ya no la necesitabas. Sin embargo, te seguía gustando la consideración de otras personas (después de todo, eras una bebé), y por lo tanto tu mente inteligente comenzó a probar maneras de conseguir la atención a voluntad. Algunas niñas pequeñas consiguen la atención siendo cariñosas, de modo que aprenden a depender de eso. Otras niñas pequeñas consiguen la atención haciendo reír a sus padres, de modo que aprenden a entretener. Algunas niñas pequeñas consiguen la atención haciendo algo bueno que todo el mundo elogia, así que se convierten en triunfadoras. Otras niñas pequeñas observan que cuando se caen y se hacen daño, o cuando se ponen enfermas, mamá les dedica tiempo y atención adicionales; nace una hipocondríaca. Otras niñas pequeñas no consiguen recibir ninguna atención a pesar de lo que hagan, de modo que patean, gritan y hacen un berrinche. Estar enojada es mejor que ser ignorada. Estas tendencias de niña pequeña pueden convertirse en hábitos de la niñez. Los hábitos de la niñez que no se modifican se convierten en nuestras formas de ser no conscientes.

Sé que parece una generalización muy amplia, pero en serio, pregúntate a ti misma si esas conductas te recuerdan a algún adulto que conoces. ¿Hay alguien en tu vida que siempre tiene problemas? Sin importar qué día de la semana sea, ¿se les cae siempre el cielo encima? Eso se debe a que sus problemas les dan la atención que desean de otros. ¿Conoces a alguien en tu vida que sea un triunfador? ¿Un adicto al trabajo? ¿Que siempre se exige al máximo? Probablemente se deba a que esas personas, como yo, de niños obtenían atención mediante el desempeño, y el hábito es difícil de romper. ¿Conoces a alguna mujer que parece totalmente indefensa, que necesita constantemente que alguien la ayude, le solucione el problema, o le aconseje en cada decisión? Apostaría hasta la última moneda a que se debe a que se crió en un hogar que la alimentaba con esas mentiras o que controló por tanto tiempo cada decisión, que ella no tiene confianza en sus propias capacidades.

Lo que quiero decir es que desde muy temprana edad aprendemos que hay cosas que podemos hacer para aferrarnos a la atención, e incluso si los detalles de cómo lo hacemos se alteran y cambian con el paso del tiempo, el modo general en que nos enseñaron a conseguir la atención de niñas —desde entretener hasta ser una triunfadora, estar enfermas crónicamente, demasiado enojadas, o siempre en una crisis— a menudo sigue siendo el mismo y afecta la manera en que buscamos atención como adultas.

Para mí, era siempre mediante el desempeño que podía recibir atención de mis padres. Lo que eso me enseñó a muy temprana edad fue que para ser amada necesitaba hacer cosas a fin de ganarme ese amor. ¿Me amaban mis padres? Claro que sí. No obstante, para una niña que pensaba que la atención es la muestra del amor, la ausencia de esta conduce a una desesperación por saber qué puede hacer para recibirla.

Por lo tanto, recapitulemos. Eres una niña y aprendes que ciertas conductas te harán conseguir la atención. Eso comienza a implantarse en la persona que llegas a ser a medida que creces. Sin embargo, esa no es la única cosa dañina que estás aprendiendo. En torno a la misma edad es cuando no solo aprendes cómo conseguir amor, sino también te dicen *quién tendrás que ser* a fin de seguir recibiéndolo.

¿Has pensado alguna vez hasta qué punto tu vida actual está formada verdaderamente por tus decisiones y qué áreas son en realidad las cosas que se esperaban de ti?

Yo me crié sabiendo que me casaría y tendría hijos... y rápidamente. En mi pequeño pueblo natal, la mayoría de las muchachas con las que iba a la secundaria tenían su primer hijo a los diecinueve años de edad. Cuando yo tuve mi primer hijo a los veinticuatro, era prácticamente anciana.

Veinticuatro.

¿Y en el mundo actual? Mirando en retrospectiva, esa edad me parece increíblemente joven. La idea de que uno de mis hijos tenga un bebé a los veinticuatro años me hace comenzar a hiperventilar. Hay mucha vida que vivir, muchas cosas que ver, mucho que no sabes aún sobre ti misma a esa edad. No puedo decir que cambiaría algo de cuando me casé o tuve hijos, porque eso significaría que no tendría los hijos que tengo ahora. No obstante, mientras más años cumplo, más consciente soy de que me criaron pensando que mi verdadero valor estaba basado en el rol que desempeñaría para otras personas. Después de todo, ser considerada una buena esposa o una buena madre o hija se basa en raras ocasiones en cuán fiel eres a ti misma.

Nadie se queda después del servicio de la iglesia el domingo diciendo: «Ahí va Becca. Está muy dedicada a cuidarse a sí misma. ¡Qué buena mamá!». Ni tampoco: «¡Ah, vaya! Tiffany se está entrenando para su siguiente medio maratón. Mira todas las horas que emplea para estar fuerte. ¡Qué buena esposa!». Si se están produciendo esas conversaciones, no es ni siquiera cerca de donde yo me crié. No, en el lugar en que me criaron se les enseñaba a las mujeres que a fin de ser una buena mujer tenías que ser buena para otras personas. Si tus hijos están felices, entonces eres una buena mamá. Si tu esposo está feliz, eres una buena esposa. ¿Y qué de ser una buena hija, empleada, hermana, amiga? Todo tu valor está incluido esencialmente en la felicidad de otras personas. ¿Cómo puede alguien abrirse camino entre eso durante toda la vida? ¿Cómo puede alguien soñar con algo más? ¿Cómo puede alguien seguir su *y si...* si necesita a otra persona que lo apruebe antes?

No es sorprendente que muchas madres me envíen notas diciéndome que se han perdido a sí mismas. ¡Por supuesto que ha sido así! Si vives tu vida para agradar a todos los demás, te olvidas de lo que solía hacer que seas *tú*. ¿Y si aún no has encontrado a tu pareja o no tienes deseos de tener hijos? ¿Eres simplemente una mujer desperdiciada porque no hay otra persona para la cual seas buena?

No. Claro que no. Eres un ser con tus propias esperanzas, deseos, metas y sueños. Algunos son diminutos («Quiero escribir poesía») y algunos son inmensos («Quiero crear una empresa de un millón de dólares»), pero todos ellos son tuyos y son valiosos simplemente porque tú eres valiosa. Tienes permiso para querer más de ti misma por ninguna otra razón que la de hacer que tu corazón esté contento. No necesitas el permiso de nadie, y sin duda no deberías tener que confiar en el apoyo de nadie como catalizador para llevarte hasta allí.

Por desgracia, muchas mujeres batallan con lo que otros podrían pensar de las metas que tienen para sí mismas; por lo tanto, en lugar de perseguirlas, dejan morir sus sueños. O los persiguen en secreto o, peor aún, con una molesta sensación de haberles fallado a quienes las rodean, porque están haciendo algo para ellas mismas en lugar de para todos los demás. Viven bajo la culpabilidad, la vergüenza y el miedo. *Y si...* deja de ser un rescoldo de posibilidad en sus corazones y se convierte en una letanía de recriminaciones en sus cabezas. *¿Y si fracaso? ¿Y si se ríen? ¿Y si desperdicio mi tiempo? ¿Y si esto los enoja? ¿Y si piensan que soy egoísta? ¿Y si estoy perdiendo todo este tiempo con mi familia a cambio de nada?*

Cuando permanecemos en ese lugar, el miedo dirige nuestra vida y evita que avancemos, incluso en el más mínimo grado. Quizá vivimos con un miedo inmenso al fracaso y un importante complejo de perfeccionista. O tal vez tenemos miedo porque otras personas ya han logrado lo que nosotras estamos considerando, de modo que, ¿cuál es el caso? O quizá tenemos miedo al bochorno, a caernos del vagón (otra vez). O nos preocupa no ser lo bastante inteligente, lo bastante bonita, lo bastante joven, lo bastante mayor... hay muchas maneras posibles de no ser suficiente.

Como mujeres, hemos tenido toda una vida de mentiras que alimentaron nuestros temores. Hemos tenido toda una vida de creer que nuestros valores radican principalmente en nuestra capacidad de hacer felices a otras personas. Tenemos miedo de muchas cosas cuando se trata de nuestros sueños, pero nuestro mayor temor es a ser juzgadas por tenerlos en un principio.

Yo le llamo PM.*

Ya era hora de que alguien le pusiera nombre. Yo le llamo PM a esa mentira en mi propia vida, y con toda certeza le llamo así también en la tuya.

Al comienzo de cada año, me siento y pienso en cuál será el tema general para mi trabajo. Intento que se me ocurra un mensaje para ti, para mi tribu, para ese grupo de mujeres que me acompaña en la Internet. Cuando comencé a escribir este libro, me pregunté a mí misma qué quería decirles a todas como mujeres, hermanas, hijas, amigas y mujeres solteras. Lo que me gustaría que supieras. Y la respuesta que brotó de mi corazón llegó de mi chispa *y si...*

Si pudiera decirte algo, si pudiera convencerte para que lo creyeras, es que fuiste hecha para más. Fuiste hecha para tener los sueños que tienes miedo de tener. Fuiste hecha a fin de hacer las cosas para las que no crees estar calificada. Fuiste hecha para ser líder. Fuiste hecha para aportar. Fuiste hecha con el propósito de hacer cambios para bien, tanto en tu comunidad local como en el mundo en general. Fuiste hecha para ser más de lo que eres hoy y —esta es la parte importante— tu versión del más podría no verse como mi más, o el de ella.

Para ti, quizá *más* se ve como inscribirte finalmente en la carrera de los 10K. Para otra persona el *más* podría verse como apresurarse a cambiar su modo de comer a fin de estar más sana. Para otra, el *más* podría ser regresar a la escuela. Para otra, el *más* podría ser ponerle fin a la relación con la persona que es poco amable, dañina y cruel. *Más* podría verse como no regresar a la relación tóxica que parece un tiovivo y no deja de dar vueltas.

---

* El acrónimo corresponde a la expresión «pura mierda». (N. T.)

Para otra persona, el *más* podría verse como ser más amable consigo misma. Quizá el *más* implique más tiempo y descanso. Tal vez, *más* es controlar tu genio contando hasta diez antes de gritarles a tus hijos. Puede que *más* sea tener el control de tus emociones, o *más* terapia, o *más* agua, o *más* creer que eres capaz de alcanzar la grandeza, o *más* no preocuparte de lo que otra persona piense de ti.

¡Hecha para más es la definición de ti, y tu deseo de más no es algo de lo que avergonzarte! Nuestro potencial, el potencial que reside en cada una de nosotras, es el regalo que nos ha dado nuestro creador. Lo que hagas con ese potencial es el regalo que le devuelves al resto del mundo. Lo peor que puedo imaginar es que pudieras morir con ese potencial aún sin desarrollar en tu interior. Y por eso escribí este libro, a partir del título de Demi Lovato, como aliento, como guía, y también como el viento que aviva las llamas de tu chispa *y si...* para que se convierta en un fuego.

¿Por qué?

Porque el mundo necesita tu chispa. El mundo necesita tu energía. ¡El mundo necesita que muestres tu vida y te aferres a tu potencial! Necesitamos tus ideas. Necesitamos tu amor y cuidado. Necesitamos tu pasión. Necesitamos tus modelos de negocio. Necesitamos celebrar tus éxitos. Necesitamos ver tu regreso después de tus fracasos. Necesitamos ver tu valentía. Necesitamos oír tu *y si...* Necesitamos que dejes de disculparte por ser quien eres y que llegues a ser quien estabas supuesta a ser.

———

Pasé mucho tiempo intentando pensar exactamente cómo quería organizar este libro. Es el consejo más táctico (eso espero) que he escrito jamás. Quería que fuera fácil de entender y fácil de aplicar a cualquier tipo de meta, y por eso necesitaba llegar hasta el núcleo de lo que ha hecho posible que yo alcance mis sueños. La pregunta que finalmente me hice fue: ¿Qué elementos me han ayudado o me han dañado en mi búsqueda de metas personales durante los últimos quince años? Después de todo, no soy una experta. No soy una especialista ni una profesora, y no conozco la respuesta para todos los demás. Lo que sí sé es cómo pasar de un pequeño pueblo y una niñez llena de trauma, a ser una emprendedora de éxito que construyó una empresa multimillonaria solamente con un diploma de secundaria bajo su brazo. Sí sé cómo pasar de ser una muchacha insegura que se ahogaba en la ansiedad de las percepciones de otras personas, a ser una mujer segura de sí misma y llena de orgullo. Sí sé cómo pasar de tener un grave sobrepeso y no estar saludable, utilizando la comida como mecanismo de afrontamiento e incapaz de subir las escaleras sin que me faltara el aire, a ser una corredora de maratón que se levanta de la cama cada mañana preparada para vivir ese día. Sí sé cómo pasar de ser alguien desesperada por agradar a los demás esperando recibir amor, a ser una mujer que está tan llena de amor por otros, por mis pasiones y por mi trabajo, que ya no necesito buscarlo de maneras negativas. Todas estas áreas de crecimiento en mi vida fueron una vez metas que tenía para mí misma, y aunque no sabía lo que estaba haciendo cuando por primera vez comencé a transitar este camino, puedo mirar atrás y ver las cosas que hay en común entre cada éxito y fracaso que me llevaron desde allí hasta aquí.

No soy una experta. Lo que soy es tu amiga Rachel, y quiero decirte lo que a mí me funcionó. He probado un poco de todo, pero en definitiva, alcanzar grandes metas tanto en lo personal como profesionalmente se redujo a estas tres cosas:

1. Deshacerme de las excusas que me mantenían atascada.
2. Adoptar hábitos y conductas estupendas que me dispusieron para el éxito.
3. Adquirir las habilidades necesarias para hacer posible el crecimiento exponencial.

Sinceramente, no tenía la consciencia de mí misma para identificar estos pasos mientras los vivía, pero ahora puedo mirar hacia atrás y ver que fueron los factores principales que condujeron a cada éxito que he tenido en el camino. He organizado cada parte del libro en este orden fundamental a propósito.

Comencé con *excusas de las cuales deshacerme*, porque si no reconoces las cosas que te están limitando en este momento, nunca serás capaz de dejarlas atrás. Notarás también que la sección de las excusas es la más larga de este libro. No es por accidente. Los hábitos y las habilidades que necesitamos son claros, pero la letanía de excusas que se interponen entre donde estamos y donde queremos estar es más larga y más dramática que la segunda mitad de *Hamilton*. Cuando las sorteas y las identificas como las mentiras que realmente son, puedes avanzar hacia cosas que te hacen más fuerte.

La segunda parte de este libro es la de *conductas a adoptar*, la cual es mi manera bonita que decirte que tus hábitos importan mucho. Si quieres ver avances y resultados, la coherencia es la clave. Me refiero a que no puedes limitarte a hacer una cosa una sola vez o incluso diez veces y esperar que te lleve hasta donde quieres ir. Tienes que desarrollar conductas que sean tan habituales que las sientas arraigadas en tu ADN. Tienes que actuar de tal modo que la mejor versión de ti misma se convierta en tu nueva normalidad.

Finalmente, termino con *habilidades a adquirir*. Son cosas universales que todo el mundo necesita cuando persigue cualquier meta. Lo que quizá te confunda es que estos puntos rara vez se enumeran como habilidades. Cosas como la confianza o la persistencia, por lo general, se consideran características que uno tiene o no, pero quiero cambiar tu percepción sobre ellas. Puedes cultivar nuevas características positivas en ti misma, y lo más importante, debes hacerlo si quieres alcanzar tus metas personales más fácilmente.

Este libro tiene mucha información (me tomó toda una vida adquirirla), pero por favor, no permitas que eso te abrume. Tú eres fuerte, valiente y capaz de más. A partir de aquí, decide ver las ideas para el cambio como posibilidades en tu vida. Una vida llena de posibilidades es una receta para tu tipo de grandeza. ¡Profundicemos!

PARTE I

EXCUSAS DE LAS CUALES DESHACERNOS

excusar[1]

verbo

1. intentar disminuir la culpa unida a (una falta u ofensa); buscar defender o justificar.
2. liberar (a alguien) de una obligación o requisito.

sinónimos: justificar, defender, aprobar, reivindicar

Las excusas se disfrazan de muchas cosas. Algunas personas las creen con todo su corazón. Realmente piensan que no son suficientes, que no tienen tiempo, o que no son «el tipo de persona que alcanza metas». No entienden que cada vez que se aferran a esas creencias, no solo se roban a sí mismas la motivación, sino que también tiran la toalla antes de ni siquiera comenzar. Dejemos de hacer eso. ¿Cuáles son las excusas que has estado creyendo? Es probable que una o más de estas ideas haya vivido dentro de tu cabeza como justificación del motivo por el cual no eres capaz de perseguir tus sueños. Espero que al adentrarnos en cuáles son las excusas más comunes y por qué realmente no tenemos que darles ningún poder, podrás romper las ataduras que actualmente te retienen.

EXCUSA 1:

ESO NO ES LO QUE OTRAS MUJERES HACEN

Yo solía tener dientes de tiburón.

No, de veras. Era una de esas niñas desafortunadas cuyos dientes de leche no pasaban a mejor vida. En lugar de salir arrastrándose por la puerta como cualquier incisivo que se respete a sí mismo, se aferraban sin querer irse. Simultáneamente, mis dientes de adulta iban ocupando más espacio. Llegaron a toda velocidad como si fueran una agresiva familia política y establecieron su residencia. Tenía dos filas de dientes. Dientes de tiburón.

Alrededor de esa misma época, decidí cortarme mi propio flequillo con las tijeras de mi papá para su bigote. Ahora bien, para darme a mí misma un poco de mérito, *sí* reconocí que ese no era el mejor curso de acción. Yo era, y sigo siéndolo, una rigurosa seguidora de las reglas, y cortarme mi propio flequillo a los once años de edad estaba a la par de realizar una cirugía a corazón abierto con los cubiertos desparejados de la marca Mema. No es aconsejable. Sin embargo, en esta ocasión el flequillo me llegaba hasta los ojos y me volvía loca. Así que por mucho que fuera una seguidora de las reglas, también era, y sigo siéndolo, una mujer de acción. Decidí ocuparme yo misma. Cuando mi papá descubrió

3

los resultados de mi proceder, intentó rectificar la línea dispareja del flequillo. Desgraciadamente, a él no se le daba la barbería mejor que a mí. Y tiene un terrible TOC (trastorno obsesivo compulsivo)… lo cual significa que es insistente en lo que respecta a obtener una línea recta. Siguió cortando mi flequillo cada vez más, intentando que quedara bien, hasta que apenas era más largo que una pestaña. Mis fotografías de quinto grado eran toda una escena a contemplar.

¿Mencioné que en aquella época también me rasuré las cejas? No sabía aún cómo depilarlas. Solamente sabía que no quería seguir teniendo una sola ceja, y deslizar la cuchilla de mi hermana mayor por la mitad de mi frente parecía la opción correcta.

También era gordita.

Y tocaba el clarinete en quinto grado.

Era torpe y tenía el cabello encrespado, y siempre doblaba en tamaño a las animadoras y vestía ropa de Goodwill que raras veces era de mi talla. Lo único que quería en el mundo era ser popular, bonita, y encajar entre todos los demás. Y no tenía más posibilidades de las que podría tener una bola de nieve en el infierno.

Cuando eres niña, no tienes control alguno sobre tu aspecto físico, a lo que tienes acceso, o si encajas o no en el grupo. No obstante, eres totalmente consciente de lo que te falta, de lo que careces, de lo que *debería* estar ahí. Lo único que tienes que hacer es mirar en dirección a las personas que sí parecen encajar, que sí parecen tenerlo todo solucionado, para ver lo que te falta. En un mundo perfecto, en el momento en que observas tus diferencias, llega alguien mayor y más sabio y te enseña a valorar tu rareza única e innata. También camina a tu lado y habla la verdad a tu vida, y quizá te muestra la mejor manera de evitar que tu cabello se parezca al de un episodio de *Friends* en el que Monica visitó las islas Barbados. En un mundo perfecto, te alentarían a ser tú misma a la vez que te ayudarían a saber cómo mejorar en los aspectos que aumentan la confianza en tu propia persona.

Sin embargo, la mayoría de nosotras no crecimos en ese mundo perfecto.

La mayoría de nosotras crecimos identificando desde una edad muy temprana todas las cosas que no eran correctas en nosotras. Creímos que éramos demasiado gordas, demasiado feas, demasiado torpes para ser amadas y aceptadas sin tener que hacer grandes cambios. Algunas mujeres lo manejan cerrándose cada vez más en sí mismas. Otras mujeres lo manejan rebelándose. ¿Que el mundo piensa que soy extraña? ¡Bien! ¡Seré tan rara que te ahuyentaré antes de que te acerques! O si eres como yo, decides en la época de los dientes de tiburón y el flequillo muy corto que tener un aspecto tan torpe, extraño y trágico, sinceramente, es algo bien malo. Así que lo que haces, en tu gloria de preadolescencia, es comenzar a prestar atención a lo que hacen otras muchachas y, como en esa escena de *La sirenita* en la que ella se emociona mucho por tener finalmente una oportunidad de caminar sobre tierra seca, decides que tú también vas a ser parte de su mundo. Vas a hacer todo lo que sea necesario: actuar, vestirte, tener el aspecto y hablar de una manera que te ofrezca la mayor aceptación.

El mío no fue un proceso rápido, pero finalmente me pusieron frenos dentales y aprendí a alisarme el cabello. Y cuando tenía veintitantos años, había adquirido mucha destreza en representar un papel. En realidad, había llegado a ser tan buena en lo que concernía a comportarme como todas las demás mujeres, que ni siquiera se me ocurría cuestionarme si me gustaban las decisiones que estaba tomando. Cuando comencé a preguntarme si me gustaba el camino en el que me había situado a mí misma, tuve la sensación de estar demasiado adelantada para regresar.

Y por eso vivía una doble vida.

No como la de «una abogada de día y célula durmiente/espía internacional en la noche». Más bien solía vivir mi vida (muy públicamente, vale la pena decir) fingiendo ser un tipo de persona cuando en realidad era otra totalmente distinta.

Ante la vista pública y en cada plataforma de las redes sociales, yo era esposa y madre, una ávida cocinera y amante de la comida, una reina del bricolaje que tenía un blog y la afición a subir publicaciones a Facebook. Entre bambalinas, era una madre trabajadora, emprendedora, y una embaucadora del máximo orden.

Poseía una oficina.

Tenía un equipo de trabajo de cinco personas a tiempo completo.

Trabajaba más de sesenta horas por semana.

Y aquí está la parte importante: me encantaba cada segundo de mi vida.

Me encantaba cada segundo de todo eso, pero nunca mencionaba nada. No públicamente ni en las redes sociales. Tampoco privadamente en las fiestas familiares. No en las actividades de negocio para mi esposo o incluso en las reuniones de negocios con potenciales clientes. Le restaba importancia a todo. Espantaba la verdad como si estuviera espantando una mosca. *Ah, es solo esta cosita que hago.* Enterraba cada logro y no admitía mis mayores sueños ni siquiera ante mí misma. Me preocupaba lo que otros pudieran pensar de mí. Me preocupaba lo que *tú* pudieras pensar de mí si supieras lo que realmente había dentro de mi corazón.

La verdad era que había muchas cosas con las que soñaba. Tenía ideas para compartir con el mundo sobre cómo las mujeres podían cambiar sus mentalidades, su salud mental, su autoestima y, sí, el modo en que se pintan las cejas (porque eso me importa casi tanto como todo el resto combinado). Pensaba en si tal vez podría construir una plataforma donde hablarles a mujeres en todo el mundo, y alentarlas, y darles ánimo y hacerlas reír. Creía que si otras personas podían llenar las redes sociales con vídeos de gatos, fotografías de cafés con leche y publicaciones de ejercicios, entonces yo podía añadir a la mezcla citas motivacionales y afirmaciones positivas. Creía que podía cambiar todo mi negocio con la idea. Creía que podía cambiar al mundo.

Bueno, ¿quién dice eso?

Yo lo digo. Ahora, de todos los modos.

¿Lo habría dicho cinco años atrás, o diez? Definitivamente no. Guardaba esos sueños secretos encerrados muy bien donde nadie pudiera considerarlos extraños o juzgarme por ellos, y donde, a propósito, nunca verían verdaderamente la luz del día ni tendrían una oportunidad de manifestarse. Los talentos y habilidades son como cualquier otra cosa viva: no pueden desarrollarse en la oscuridad.

Quizá lo que yo hice no tiene sentido para ti. Si parece algo extraño ocultar tus sueños, voy a suponer que nunca has trabajado en mi industria… o que no has experimentado a provocadores desgarrando tu carácter dentro de los límites de una publicación en Facebook. Déjame decirte que hay que tener una piel muy dura para ignorar las cosas mezquinas que la gente dice en la Internet y, como un callo, esa piel dura solamente crece cuando ha sido desgarrada algunas veces y se ha curado volviéndose más fuerte que antes.

Me tomó años tener la valentía de hablar abiertamente sobre mis sueños.

Comencé por primera vez a escribir un blog cuando llevaba cuatro años dirigiendo una exitosa firma de organización de eventos en Los Ángeles, produciendo fiestas bonitas y ceremonias de boda elaboradas yo sola. Estaba profundamente extenuada. Es glamuroso asistir a eventos de millones de dólares, pero resulta brutal producirlos. Al final de mi cuarto año no estaba segura de querer continuar, pero había comenzado ese blog. En aquella época, el blog estaba teniendo mucho éxito, y todo el mundo se encontraba involucrado en ello, así que decidí intentarlo.

Fue algo atroz.

Literalmente escribía sobre lo que cenaba la noche antes. Parecía que había tomado mis fotografías en un cuarto oscuro con una cámara desechable, lo cual no estaba muy lejos de la verdad, y sinceramente, nadie se interesaba por leerlo. Igual que en casi cada parte de mi carrera emprendedora, no tenía ni idea de lo que estaba haciendo. Sin embargo, hermana, déjame decirte en este momento que en la ausencia de experiencia o conocimiento, ¡la determinación establece la diferencia entre donde estás y adónde quieres llegar!

Cuando comencé a reducir mi enfoque y a ser más coherente con mi contenido, comenzó a surgir un tema para mi blog, y finalmente mi negocio. Quería enfocarme en la búsqueda de una vida más hermosa y una existencia más feliz. Comencé a obtener un poco de seguimiento y a captar cierta atención. Entonces recibí algunas ofertas. ¿Podía hablar sobre *la decoración para Acción de Gracias en las noticias matutinas locales?* ¡Claro que podía! ¿Consideraría incorporar esta marca de huevos a una receta en mi página web por *doscientos cincuenta* dólares? ¡Tienes toda a razón, seguro que lo haría! ¿Podría ponerme esos zapatos en una próxima publicación en Instagram a cambio de una tarjeta regalo Visa de cien dólares? ¡Por supuesto que sí!

Las ofertas seguían llegando regularmente, y aunque ni siquiera se acercaban a lo que yo ganaba como organizadora de eventos, ¡había oro en ellas! Las marcas tenían dinero para gastar, y buscaban gastarlo con personas como yo. De manera lenta, pero firme, recibí durante los diecinueve meses siguientes un flujo de beneficios por el blog y fui aceptando cada vez menos clientes hasta que pude hacer la transición por completo. Para entonces, había pasado a tener a una persona interna a media jornada como mi única fuente de ayuda, y cuando decidí enfocarme por completo en el blog, sabía que necesitaba a algunos profesionales. Las metas para mí misma siempre han sido elevadas, incluso si no me sentía cómoda al hablarles a las personas acerca de cuáles eran. No sabía cómo jugar a lo pequeño en nada. Una imaginación excesiva además del deseo de toda la vida de demostrar mi valía por medio del logro significa que siempre tengo como meta el sol.

¿Conoces la expresión «Ve a lo grande o vete a casa»? Yo nunca me voy a casa.

Si para mi cumpleaños me regalas un cachorro de perro salchicha, voy a… bueno, número uno, voy a quedar sorprendida. Nunca he tenido un perro salchicha, de modo que no estoy segura ni siquiera de lo que significa ese regalo, pero lo aceptaré de todo corazón. Le pondré un nombre elegante, como Reginald Wadsworth, el octavo Duque de Hartford, y no pasará mucho tiempo hasta que esté imaginando construir una pequeña granja fuera de Phoenix donde pueda criar a mi perro salchicha campeón para competir.

El punto es…

En cuanto decidí desarrollar la parte del blog en el negocio, sabía que necesitaba a un equipo para ayudarme a hacerlo. Contraté a editores que me ayudaran a escribir y a fotógrafos para tomar las fotos más bonitas, y a una asistente para dirigir mi oficina. A medida que aumentó nuestro contenido, también lo hizo la base de seguidores. Trabajamos duro y prestamos atención a las tendencias, y a medida que fue creciendo la audiencia, también lo hicieron los beneficios. Era fantástico. Se trataba de una empresa construida sobre mi reputación y, en última instancia, del ideal que esos seguidores habían creado acerca de mí.

Permíteme dar aquí un paso al lado y explicar algo sobre las celebridades o personas influyentes en las redes, de las cuales yo no entendía en ese momento. Ahora, mientras escribo este libro, tengo más de un millón de seguidores en las redes sociales. Sin embargo, en ese punto tan temprano en la historia de mi negocio probablemente tenía diez mil seguidores en Facebook, e Instagram no existía aún. A pesar de eso, lo que ocurre con cualquier tipo de fama es tan cierto hoy en día como lo era en aquel entonces, y es lo siguiente: tú no me conoces. Solamente conoces la percepción que tienes de mí. Lo mismo es cierto para La Roca, Oprah, una Kardashian o el presidente. Incluso cuando alguien es todo lo transparente posible (y argumentaría que, entre fotografías que se hicieron virales de mis marcas de estrías y mi último libro en el que admitía todo, desde abusar del alcohol hasta ser mala en el sexo, tenía una vida pública muy transparente), incluso entonces no conoces a la persona real. No debido a que la persona sea necesariamente reservada, sino porque la percibes con los lentes que tú has creado.

Así que, por ejemplo, si comenzaste a seguirme por primera vez en Instagram debido a una fotografía de mí misma luciendo con mucho estilo, podrías pensar que soy una persona con estilo y que sigue las tendencias. Si te subiste al barco durante la explosión mencionada anteriormente de la fotografía con las marcas de las estrías, entonces podrías identificarte conmigo como madre o alguien que ha batallado con problemas de imagen corporal. Cualquier cosa que percibas sobre mí (o sobre cualquiera a quien no conozcas verdaderamente) tiene mucho más que ver con el molde en que tú nos has metido que con quiénes somos en realidad. Esto es totalmente natural y correcto, a menos que esa persona a la que admiras salga fuera del molde en el que la has metido.

Para mí, ese molde era la maternidad. Y aquí es donde entra en juego toda esa doble vida que mencioné antes.

Yo tenía una legión de seguidoras que eran mamás (y las sigo teniendo hasta la fecha), pero en aquel momento no había hablado públicamente sobre mi grupo. No era que estuviera avergonzada; sencillamente estaba tan enfocada en crear contenido que nunca me detenía a explicar cómo había llegado al mundo todo aquello. Suponía que todas entenderían que debía tener ayuda. Estaba creando seis publicaciones en el blog completamente producidas cada semana y tenía dos hijos pequeños. ¡Claro que debía contar con ayuda! No obstante, por la razón que fuera, eso no era obvio para la mayoría de las personas, y cuando se dieron cuenta de cuál era la verdad, algunas de ellas se enojaron. Y con rudeza. Ni siquiera recuerdo a qué se debió, pero sé que fue una publicación en Facebook en la que hablé sobre ser una mamá. En los comentarios, alguien preguntó de dónde sacaba el tiempo para «hacerlo todo». Ni siquiera se me ocurrió mentir.

«Ah, yo no lo hago todo», tecleé despreocupadamente. «Mi esposo está realmente involucrado, y tenemos una niñera que ayuda con los niños mientras estoy trabajando».

La Internet explotó.

«¿Qué tipo de madre permite que otra persona eduque a sus hijos?».

«¡Solamente una bruja egoísta escogería el trabajo antes que a la familia!».

«Debe ser bonito dar vueltas por ahí todo el día mientras otra mujer educa a tus hijos».

Las fuertes críticas fueron inmediatas e intensas. Algunas seguidoras se desalentaron al saber que yo tenía ayuda para producir el contenido. Muchas mujeres quedaron muy decepcionadas de que tuviera un empleo fuera del hogar. Otras estaban furiosas porque

11

tenía una niñera. Al mirar en retrospectiva, puedo entender que ellas me habían percibido como una mamá que no trabajaba fuera de casa, probablemente porque eso eran ellas. Tendemos a ver a las personas no como son, sino como somos nosotros. Cuando yo salí fuera del molde que ellas habían construido para mí, se sintieron engañadas o consideraron que les había mentido.

Yo quedé devastada.

No podía manejar que la gente estuviera tan molesta conmigo. No me importaba que fueran unas absolutas desconocidas. No me importaba que las críticas se produjeran en los comentarios de una publicación en Facebook. Estaba destrozada. ¿Recuerdas cuando era niña? ¿Recuerdas a Dientes de Tiburón? Bueno, ella aún quería desesperadamente pertenecer, y aborrecía la idea de que alguien pudiera estar enojada con ella.

Sinceramente, parece estúpido al mirar en retrospectiva, porque yo estaba muy lejos de ser aquella joven insegura (¡gracias, terapia!). Sin embargo, esto hizo que volviera a cuestionarme todo lo que hacía y decía públicamente. Había un puñado de temas que sabía que harían enojar a la gente, así que dejé de mencionarlos por completo. El trabajo, el espíritu emprendedor, mi equipo, tener una niñera o una ayudante en la casa, los viajes de negocios… todo ello se convirtió rápidamente en tabú. Me enfoqué en lo que le gustaba a la gente. Fotografías dignas de Pinterest sobre cómo organizar cosas, consejos sobre la educación de los hijos, sugerencias para ejercicios y recetas de pasteles gobernaban el día. Trabajé mucho y sin descanso durante años para hacer crecer y escalar mi empresa, pero si me preguntaras en aquel momento lo que hacía para ganarme la vida, te habría dicho modestamente que tenía «un pequeño blog».

Ese «pequeño blog» lo leían millones de personas cada mes, y yo tenía un flujo de beneficios de seis cifras, pero entendía que el negocio que estaba detrás del blog molestaba a ciertas personas, de modo que nunca lo mencionaba. Y no era que estuviera manteniendo en silencio ciertos aspectos de mi vida. La naturaleza misma de mantenerlo en secreto comenzó a reforzar la idea de que lo que hacía, y quién era yo, era algo de lo cual avergonzarse. Eso alimentaba mi culpabilidad como mamá. Eso alimentaba mis inseguridades con respecto al modo adecuado de ser una esposa. Cuando alguien decía algo negativo sobre mis decisiones, ya fuera en la Internet o en persona durante una actividad familiar, no lo cuestionaba. Llegué a creer que tenían razón, que yo estaba haciendo mal todo aquello, que una buena mujer, esposa o madre, viviría totalmente para su familia.

Solamente no podía abandonarlo todo. Me encantaba mi negocio, y me gustaba intentar solucionar el rompecabezas del mundo emprendedor. Me hacía feliz. Encendía mi corazón. Me hacía sentir viva. No obstante, simultáneamente, no quería que nadie se sintiera incomodado por lo que a mí me causaba alegría.

¿Cuántas mujeres hacen eso? ¿Cuántas de las que están leyendo estas líneas tienen vidas a medias o, peor aún, son una sombra de quienes están verdaderamente supuestas a ser porque alguien en su vida no las apreció o entendió por completo?

Yo no quería renunciar a mi sueño de tener un negocio exitoso, pero tampoco quería que nadie me desaprobara. Viví esa doble vida durante casi cinco años y sufría constantes ataques de ansiedad. Fue necesario muchísimo trabajo personal y comprender algunas cosas hasta llegar a la raíz del porqué sentía la necesidad de vivir de esa manera, pero la esencia es la siguiente: me importaba más que otros me amaran que lo que me importaba amarme a mí misma.

Por lo tanto, a la vez que seguía haciendo crecer mi negocio, dejé de mencionarlo públicamente. Y cuando algunos miembros de nuestra familia cuestionaban por qué yo trabajaba en lugar de quedarme en casa con nuestros hijos, constantemente y con mayor frustración, aprendí a no mencionarlo tampoco en privado.

Brené Brown dice: «La vergüenza es un enfoque en el yo, la culpabilidad es un enfoque en la conducta [...] Culpabilidad: Lo siento. Cometí un error. Vergüenza: Lo siento. Soy un error».[1] No lo entendía en aquel momento, pero me sentía muy avergonzada de ser una mamá trabajadora. Y me sentí avergonzada durante años. Años de flagelarme a mí misma, años de intentar agradar a todo el mundo, años de intentar ser excepcional a la hora de producir cenas familiares y diseños para fiestas de cumpleaños de los niños a fin de demostrar que mis hijos no se estaban perdiendo nada. Desperdicié muchos años con nudos en el estómago con respecto a las expectativas que otras personas tenían para mi vida. Muchos años distraída de mi misión central de motivar y ayudar a otras mujeres, porque estaba muy preocupada por las percepciones de todos los demás.

Muchos años que pasé disculpándome por quién era yo.

Ah, no me disculpaba verbalmente. Mis disculpas eran mucho más dolorosas, porque no decía con mis palabras que lo sentía. Me disculpaba con el modo en que vivía mi vida. Cada vez que me sentía avergonzada por hacer un viaje de negocios. Cada vez que me tragaba la mentira de la culpabilidad como mamá. Cada vez que me vestía de cierta manera o hablaba de cierto modo a fin de ser mejor recibida era una disculpa por quién era yo realmente, una mentira de omisión. Y cada vez que mentía sobre quién era, reforzaba la creencia en mi propia mente de que en mí había algo erróneo. Creía sinceramente que era la única mujer que se sentía así.

Entonces, en 2015, asistí a una conferencia que cambiaría mi vida para siempre. Hablé sobre ello en detalle en mi último libro, y juro que no seré esa autora que repite todas sus antiguas historias en la secuela, pero lo esencial de aquella experiencia fue que estuvimos trabajando en las creencias limitantes y las mentiras que nos retienen. Comencé a profundizar en mi niñez y en lo que podría haber aprendido o aceptado en aquel entonces que me seguía afectando en el presente.

Información anticipada: la mayoría de las cosas que aprendiste en la niñez te siguen afectando en el presente. Yo no era una excepción.

Me crié en un hogar con una estructura tradicional. Papá trabajaba y mamá se ocupaba de la casa... incluso cuando ella también trabajaba. De algún modo me las arreglé para ser una feminista orgullosa, lo cual significa, en su totalidad, que creo que hombres y mujeres deberían ser tratados igualmente. Entré en el matrimonio creyendo que mi esposo y yo compartiríamos la carga a partes iguales, pero fue muy fácil volver a caer en la estructura en la que me había criado y que me decía cómo debía ser una mujer, cómo debía comportarse y cuál era su valor.

Permíteme desviarme por un momento y desarrollar la idea de vivir basada en lo que «una mujer debe ser». Si solo consigo darte una idea en la que pensar en este libro, sería la siguiente: a la mayoría de nosotras nos han criado con una disparidad inmensa entre el modo en que deberían ser las mujeres y el modo en que deberían ser los hombres. No es una cuestión de masculino contrariamente a femenino. Estoy escribiendo esto ahora mismo mientras llevo maquillaje... ¡y hasta con la aplicación de claroscuros! Es una cuestión de cómo se cría a los muchachos para que sean contrariamente a cómo se cría a las muchachas. Como mencioné antes, a la mayoría de las mujeres, independientemente de dónde se hayan criado o cuál sea su trasfondo cultural, les han enseñado en esencia que ser una buena mujer es ser un buen ejemplo para otras personas. El problema con eso es que significa que permites que otras personas determinen tu dignidad. ¿Es extraño entonces que la mitad de las mujeres que conozco sufra de ansiedad y depresión, ahogándose debajo de la ola de lo que otras personas piensan? Nos han enseñado que no tenemos ningún valor sin la buena opinión de los demás.

Sin embargo, yo discrepo. Asistí a esa conferencia y experimenté un momento transformador. Me habían enseñado a jugar en pequeño, pero yo había nacido con un corazón que solo soñaba a lo grande. Ese corazón y todo lo que englobaba lo guardaba en mi interior mientras aún estaba en formación. Mis sueños no eran solamente una parte de mí: eran el núcleo de quién soy. Fueron un regalo de Dios, y si mi creador me otorgó algo, ¿cómo podría ser incorrecto? Profundicé más y entendí que solo sentía que mi deseo de crecer y trabajar era incorrecto cuando comenzaba a preocuparme por lo que otras personas pudieran pensar. Quedarse en casa puede ser una decisión personal muy hermosa y un llamado de vida, pero no era el mío. Eso era lo que otras personas querían para mi vida. Era lo que conocíamos culturalmente, pero no era lo correcto para mí, de modo que comencé a preguntarme: ¿Y si lo correcto fuera creer verdaderamente en mí misma lo suficiente para ser sincera con respecto a mi vida? *¿Y si lo correcto fuera estar orgullosa de cómo he sido formada? ¿Y si lo correcto fuera sentir orgullo por mi duro trabajo y mis logros y dejar de actuar en pequeño?*

¡Salí de esa conferencia totalmente entusiasmada! Llegué a casa siendo una mujer diferente por completo; o en realidad, debería decir que llegué a casa viviendo completamente como yo misma por primera vez en mi vida. Los años que han pasado desde entonces han sido los más felices, más satisfactorios y más gratificantes de toda mi existencia, y también me han hecho ser consciente de algo importante. Yo no acaparé el sentirme avergonzada porque no encajaba en el molde de las otras mujeres que me rodeaban. No soy la única que ha tenido este tipo de sentimientos. Sin embargo, el catalizador que me impulsó hacia los sueños que tengo el privilegio de estar viviendo en la actualidad es que acepté el reto de dejar atrás activamente esos sentimientos y, al hacerlo, mi vida cambió inmensamente.

Si has sido afectada por mi trabajo, si te gustó mi último libro o tuviste un fin de semana transformador en una de nuestras conferencias, o encontraste perlas de sabiduría en mi podcast, recuerda que nada de eso habría sucedido si yo no hubiera dejado de escuchar esa pequeña voz dentro de mi cabeza que dice: «Así no son las otras mujeres. Esto es demasiado valiente, demasiado extraño, demasiado ofensivo. Siéntate. Quédate callada». Luchar contra el instinto de escuchar esa voz es una de las cosas más difíciles en las que he trabajado, pero debido a que lo hice, mi vida (¿y quizá también la tuya?) cambió para mejor.

EXCUSA 2:

NO SOY UNA PERSONA ORIENTADA A LAS METAS

Mi instinto me dice que la mayoría de las mujeres que eligen este libro son buscadoras de metas. No buscadoras de oro... buscadoras de metas. Me refiero a que tienes una meta o un sueño que ha estado en tu corazón y quieres obtener un consejo o aliento que te impulse hacia adelante. No obstante, es probable que entre la multitud haya también mujeres que sientan curiosidad, se hagan preguntas, o quizá sean simplemente seguidoras de mi canal de YouTube y que no están realmente seguras de cómo va a funcionar para ellas todo este tema de las metas, porque, bueno, sencillamente no son el tipo de mujer orientada a las metas. Han decidido que sencillamente esa es su composición genética; a algunas personas les gusta todo eso del «crecimiento personal» y a otras no. A esas mujeres incluso les gustaría poder ser ese tipo de persona, pero no tienen muchas esperanzas al respecto, ya que «mi constitución no es de ese modo».

Entiendo totalmente por qué pensarías así. Quiero decir que es obvio que si no viniste al mundo ya con el dominio de algo incorporado, sencillamente eso no era para ti. Caminar, hablar, comer alimentos sólidos sin ahogarte hasta casi morir, conducir un auto, deletrear, utilizar una computadora... todo eso era por naturaleza parte de «quien eras» desde que naciste, ¿correcto?

No. ¡No seas necia!

Aprendiste esas habilidades igual que aprendiste un millón de otras cosas. No estoy argumentando que en la actualidad no seas una persona orientada a las metas, porque la percepción es realidad, y si crees que es cierto, entonces lo es sin duda alguna. Lo que argumento es que estás omitiendo una palabra en la frase. No eres una persona orientada a las metas *todavía*. Encontrar tu meta, enfocarte en ella y aprender a trabajar para acercarte a la misma cada día es posible para cualquiera. Encontrar tu meta requiere cierto examen del alma y cierta claridad, sin embargo, ¿las otras dos cosas? ¿Tener enfoque y ser lo bastante productiva para acercarte más hacia donde quieres ir? Eso son solo hábitos. Si no los tienes ya, se debe únicamente a que aún no los has desarrollado. No porque nunca serán tuyos.

Los sueños son cosas que esperas para tu vida. Los sueños son las cosas que se te ocurren a medida que te desempeñas en tu día. Cosas como: *Me gustaría no sentirme tan cansada todo el tiempo. ¿No sería estupendo estar en forma? Me gustaría estar libre de deudas. Me gustaría poder tomar unas vacaciones de lujo este verano. Me gustaría no tener que vivir de salario en salario. Quizá podría comenzar un negocio secundario.* Como todas provenimos de diferentes lugares y trasfondos, nuestros sueños son tan únicos y variados como nuestros peinados. Todo el mundo tiene sueños para su vida, todo el mundo. No todos los admiten ante sí mismos o incluso consideran sus deseos una posibilidad, pero cada persona que está leyendo este libro quiere algo. ¿Esos deseos que tienes? Son sueños. No obstante, un sueño y una meta son dos cosas totalmente distintas.

Una meta es un sueño con sus botas de trabajo puestas. Una meta es un sueño que has decidido convertir en realidad. Una meta es un destino hacia el que estás trabajando en lugar de ser una idea que solamente consideras o esperas. La esperanza es algo hermoso y también una herramienta increíblemente valiosa para ayudarnos a mantenernos motivadas e inspiradas en cuanto a la posibilidad para el futuro. Pero seamos muy claras en este punto: la esperanza no es una estrategia.

Esperar simplemente que la vida mejorará, que tú mejorarás, que de repente desarrollarás enfoque y motivación cuando no estás dando ningún paso activo para hacer eso una realidad, resulta inútil. Tienes que hacer planes para alcanzar tus éxitos. Tienes que ser intencional, y tienes que decidir en este momento que puedes ser quien quieras ser y alcanzar lo que quieras alcanzar.

Tienes que creerlo.

Tienes que creer en ti misma y creer que eres capaz de hacer cambios para convertirte en cualquier tipo de persona que quieras ser. A medida que lees este libro, al intentar pensar en la persona que quieres ser, recuerda que el viaje comienza con la meta. Comienza con encontrar la dirección en la que quieres ir y después pensar en cómo formar los hábitos que te llevarán hasta allí.

Verdaderamente, uno de los mejores momentos de mi carrera profesional en los últimos cinco años estuvo marcado por una llamada telefónica que tuve con un miembro de nuestra comunidad. Este grupo está formado por millones de mujeres en todo el mundo (y algunos hombres buenos) que nos acompañan en las redes sociales. Hablábamos con uno de nuestros miembros, preguntándole sobre su experiencia al haber asistido a nuestra primera conferencia. El primer año que organizamos la conferencia Rise [Levántate], verdaderamente no sabíamos lo que estábamos haciendo. Yo solo sabía que quería crear una oportunidad para que las mujeres se reunieran y escucharan palabras llenas de sabiduría e ideas que les dieran las herramientas para cambiar sus vidas, a la vez que les proporcionaba una oportunidad de estar cerca de una comunidad de mujeres con ideas similares. Por lo tanto, estábamos en medio de una llamada con una de las mujeres que fue lo bastante valiente para asistir a nuestro primer evento a fin de escuchar sobre su experiencia. En esa llamada, esta mujer mencionó tímidamente que solo había asistido a la conferencia porque esperaba que yo firmara sus ejemplares de mis libros de ficción. Nunca antes se había enfocado en el crecimiento personal.

«Nunca supe que podía tener una meta», nos dijo. «Soy esposa y madre, y nunca pensé en enfocarme en algo solo para mí».

Para ser totalmente sincera, quedé asombrada por esa revelación. Asombrada porque, bueno, yo soy una persona orientada a las metas (como si no lo supieras), y sinceramente nunca se me había ocurrido que alguien más no lo fuera. Ah, claro, entiendo que no todo el mundo se levanta de la cama a las cinco de la mañana como un muñeco sorpresa como lo hago yo, pero simplemente suponía que todo el mundo trabajaba siempre con vistas a algo. Y el hecho de que alguien pudiera asistir a uno de nuestros eventos y después irse entendiendo que como mujer tenía valor por sí misma, no por lo que podía proporcionar a otras personas —no a sus hijos, no a su esposo, no a su mamá, sino a sí misma— fue revelador para mí. Ella descubrió que tenía permiso para tener un sueño, un deseo y una meta y, vaya, eso fue asombroso, y me hizo estar orgullosa de nuestra empresa.

No obstante, también sirvió como una lección para mí, y me hizo entender que hay mujeres que no se permiten a sí mismas tener una meta o tan siquiera un sueño. Eso hace que se me parta el corazón. No porque esté sobreactuando (aunque soy así sin duda alguna), sino porque el crecimiento es felicidad. De veras. Tener algo con vistas a lo cual trabajar más nos da propósito. Alcanzar nuevos hitos, incluso aunque sean pequeños, nos da una sensación de logro y orgullo. Todos los organismos vivos, las relaciones y los negocios están creciendo o están muriendo. Punto.

Si te encuentras yendo por la vida sin tener algo con vistas a lo cual trabajar o hacia lo que apuntar, no es sorprendente que sientas que tu vida te está viviendo a ti en lugar de ocurrir lo contrario. No me importa si eres la directora general de una empresa de Fortune 500 o una mamá que no trabaja fuera de casa; tienes que tener una meta. Puede ser una meta personal que establezcas para ti misma como ponerte en forma, o ahorrar dinero, o comprar una casa, o construir un negocio, o salvar tu matrimonio. Puede ser cualquier cosa. Solamente debes saber que necesitas tener alguna, e incluso si nunca antes has podido enfocarte en una, puedes desarrollar el hábito y convertirte en el tipo de persona que es, bueno, cualquier condenada cosa que quiera ser.

EXCUSA 3:

No TENGO TIEMPO

Voy a suponer que la falta de tiempo es algo con lo que cada persona que está leyendo este libro puede identificarse. Quizá eres una madre soltera. Tal vez eres una recién graduada de la universidad que tiene dos empleos para poder sobrevivir. Quizá tienes el nido vacío y un horario lleno. Lo cierto es que sin importar dónde estés o en qué periodo de la vida te encuentres, existe una gran posibilidad de que batalles para encontrar tiempo. Con frecuencia, no parece haber tiempo para las cosas de las que te gustaría tener más en la vida: tiempo con tus amigas, tiempo con tu pareja, tiempo para que te den un masaje, o para dar un paseo por Target tú sola durante una hora entera sin tus hijos a fin de poder así recordar lo que es ir de compras lentamente y con las manos libres. Sin embargo, también puede ser difícil encontrar tiempo para tu meta. ¿Cuándo vas a ir tras ella? ¿Dónde la harás encajar con tu empleo actual, tu vida actual o los hijos que tienes ahora para mantenerla viva? ¿Cómo puedes añadir esto a un horario que ya parece abrumador y con demasiadas cosas que realizar?

Bueno, hermana, aquí está la verdad, y puede que te sorprenda o no que ya haya dado esta respuesta antes, pero sigue siendo cierto. No vas a encontrar el tiempo para perseguir tus metas; vas a tener que sacar tiempo para perseguir tus metas. Y lo primero que vas a tener que aceptar es que tienes el control de tu horario. Sí, tú, la ejecutiva de alto nivel. Sí, tú, mamá de cuatro hijos. Sí, tú, la estudiante universitaria con veintisiete actividades esta semana. Sí, tú, la asistente de primer nivel con un jefe demandante. Tú tienes el control de tu horario. En realidad, no hay una sola cosa en tu vida o tu calendario en este momento que tú misma no permitieras que estuviera ahí. Deja que eso se grabe en tu mente por un momento. ¿Tienes demasiadas cosas en el calendario? Se debe a ti. ¿No encuentras tiempo para alimentarte? Tú misma eres la responsable. ¿Pasas dos horas en la noche viendo televisión o mirando Instagram como manera de relajarte? También es tu decisión.

Amiga, la pregunta nunca es si tienes tiempo suficiente. La pregunta es: ¿cómo estás utilizando el tiempo que tienes? Es posible llevar a cabo estudios universitarios a la vez que eres una mamá que no trabaja fuera de casa. Las mujeres lo hacen todo el tiempo. Es posible entrenarte para un medio maratón a la vez que trabajas a jornada completa. Las mujeres lo hacen todo el tiempo. Es posible desarrollar tu propio negocio en la noche después de terminar de trabajar en la empresa de otra persona. Yo lo hice.

En aquel entonces, cuando yo era aún una coordinadora que trabajaba en la industria del entretenimiento, comencé a fantasear sobre cómo sería ser la dueña de mi propia empresa. Soñaba con eso sin descanso, y en los tiempos anteriores a Pinterest, recortaba fotografías de revistas y las guardaba en un archivador para verlas algún día. En esa época trabajaba más de cincuenta horas por semana en mi empleo durante el día y llevaba casada menos de un año, de modo que había muchas cosas con las que llenar mis fines de semana. Era divertido ver maratones de películas de Drew Barrymore en la TBS. Era divertido ir a la tienda Home Depot e intentar remodelar nuestro baño. Era divertido ahorrar para disfrutar de un Wagon Wheel Sampler Platter en el Black Angus en una cita nocturna. Y después de trabajar durante toda la semana, había pocas cosas que fueran más agradables que quedarme en casa con Dave. Sin embargo, a medida que el sueño de comenzar una empresa de organización de eventos comenzó a crecer cada vez más en mi corazón, supe que tendría que renunciar a algo. Dejar mi empleo y seguir como la propietaria en solitario de un nuevo negocio no era posible. Teníamos una pequeña casa con una gran hipoteca que precisábamos pagar, y eran necesarios los salarios de los dos para que eso sucediera. Yo no contaba con el dinero para seguir adelante sola. No tenía las conexiones, ni un mentor o clientes potenciales, ni tampoco una buena cuenta de ahorro. Lo único que tenía era tiempo y —aquí está la clave— una disposición a intercambiar ese tiempo en busca de lo que quería.

Así es como funciona la vida.

Si quieres algo que nunca has tenido, necesitas hacer algo que nunca hayas hecho. Para mí, eso significó que renuncié a las noches entre semana viendo televisión con mi reciente esposo. Renuncié a mis fines de semana paseando por Bed Bath & Beyond a fin de encontrar un edredón nuevo para el cuarto de invitados. En cambio, trabajaba. Hice prácticas en empresas organizadoras de bodas locales para así poder aprender cómo funcionaba la industria. Intercambié cientos de horas de pie *en tacones* en bodas y presentaciones de películas a cambio de conocimiento sobre cómo podría hacer eso por mí misma. Trabajé durante todo un año en uno de los empleos más difíciles y más desagradecidos del planeta (asistente de eventos en fiestas de lujo), además de mis horas de trabajo regulares, y lo hacía sin cobrar nada. Nunca recibí ni una moneda por esas horas. Intercambié fines de semana cómodos con Dave por la oportunidad de trabajar con clientas demandantes y organizadoras de eventos abusivas a fin de aprender sobre la industria de la que quería ser parte.

No voy a dar muchos detalles sobre eso, ¡pero no era nada agradable! ¿Crees que no estaba cansada después de mi empleo regular? ¿Crees que tenía ganas de ir a dirigir un ensayo de una boda de una futura novia enloquecida una noche entre semana después de haber trabajado diez horas en la oficina? ¿Crees que quería perderme las fiestas de cumpleaños de mis amigas y los fines de semana fuera para así poder trabajar en una boda? ¿Crees que no era desalentador que me trataran mal cuando estaba trabajando sin cobrar nada? Desde luego que lo era. Pero, amiga, ¡mira hasta dónde me ha llevado!

Utilicé el conocimiento que obtuve aquel año para lanzar mi propia empresa de organización de eventos. Utilicé esa empresa de organización de eventos para comenzar mi blog. Ese blog me dio esta base de seguidoras. Y más adelante, ese año que pasé trabajando para organizadoras de bodas mezquinas me proporcionó el argumento para mi primer libro de ficción que fue un éxito de ventas: *Party Girl*. Aprender a sacar tiempo de mi día cuando comencé por primera vez en el negocio significaba que siempre que quería comprometerme a algo nuevo, entendía que lo único que se interponían entre yo misma y mi nueva meta era la disposición a encontrar tiempo para ello.

Por ejemplo, cuando quise escribir ese primer libro, comencé a levantarme a las cinco de la mañana a fin de escribir la cantidad de palabras planeadas antes de que se despertaran mis hijos. Aprendí a escribir donde pudiera y como pudiera con el objetivo de alcanzar mi meta. Esa táctica me sigue sirviendo hasta la fecha. En este momento, estoy editando este capítulo en las escalinatas de una puerta llena de gente en el aeropuerto de Toronto. Acabo de pasar tres días entre conferencias de prensa y firmas de libros, y estoy agotada de la cabeza a los pies. Pero creo en este libro, y quiero ponerlo en tus manos lo antes posible, lo cual significa que decido sacrificar parte de mi tiempo de descanso para hacer que eso suceda. Si quiero lograr algo nuevo en mi vida, la pregunta no es nunca: ¿puedo hacerlo? La pregunta es siempre: ¿qué estoy dispuesta a abandonar a fin de conseguirlo?

A eso se reduce todo. No se trata de si tienes o no el tiempo, sino más bien de si esta meta que tienes es tan atractiva, tan hermosa, tan *necesaria* para tu felicidad futura, que estás dispuesta a renunciar a tu comodidad actual para así poder alcanzarla. ¿Estás dispuesta a renunciar a un poco del descanso de hoy a cambio de las posibilidades del mañana? El primer paso es vencer la excusa de que no tienes el tiempo. El paso siguiente es reconfigurar el tiempo del que dispones a fin de alcanzar la meta que persigues. Este es el modo de hacerlo:

1. HAZ UNA LÍNEA DE TIEMPO DE TU SEMANA ACTUAL.

Ya sabes que cuando visitas a un nutricionista por primera vez, te pide que escribas un diario de comidas durante una semana para así saber cada cosa que consumes. Aquí se pone en práctica la misma idea. Necesitas tener en cuenta cada hora en una semana promedio. Quiero que anotes todo lo que haces. La manera más fácil es abrir la aplicación de un calendario en tu teléfono y documentar sobre la marcha. ¿Saliste a correr y te tomó cuarenta y cinco minutos? Anótalo. ¿Te ofreciste como voluntaria en la venta de pasteles de la iglesia? Añade todo el tiempo que eso te tomó, incluyendo el tiempo para prepararte, conducir y otras cosas. ¿Pasaste cincuenta y ocho horas esta semana jugando al Candy Land con tu hijo pequeño? Todas nos inclinamos... eso es un trabajo santo. Inclúyelo en el calendario.

Cuando tengas registrada una semana completa, piensa dónde tienes el tiempo para añadir cinco horas por semana a fin de trabajar en tu meta. No comiences a hiperventilar. Cinco horas en realidad no es tanto tiempo. Supone una hora al día durante cinco días de siete. Eso es una sesión de tres horas y menos de un puñado de segmentos de treinta minutos. Existen multitud de maneras de mezclar y hacer encajar este periodo de tiempo. El objetivo es que decidas en este momento que vas a comprometer cinco horas por semana como mínimo a alcanzar tu meta.

Si has estado conmigo el tiempo suficiente, sabrás que tengo algunos hábitos diarios que me ayudan a vivir mi mejor vida, los cuales denomino «Cinco para prosperar». Bueno, hermana, estas cinco horas están basadas en la meta y también tienen un nombre divertido: «Cinco para luchar». Como que vas a comprometerte cinco horas por semana a luchar por tu meta, como mínimo. Si tienes más tiempo, utilízalo, ¡pero al menos establece el hábito de tus cinco horas y síguelo!

2. CUANDO HAYAS ESTABLECIDO TU NUEVO CALENDARIO, CONSIDERA SAGRADAS TUS «CINCO PARA LUCHAR».

Si abriera tu calendario la próxima semana, debería ver una vida que gira en torno a las cosas que quieres lograr. Digamos que me has dicho: «Mi meta es ponerme en una forma increíble este año, porque mi esposo y yo siempre hemos querido correr juntos un medio maratón, y este es nuestro momento». Si abro tu calendario en este instante, ¿veré tres citas por semana para salir a correr?

Cuando algo es sagrado, lo protegemos. Imagina que me acercara a ti y te dijera: «Oye, ¿quieres tomar un café con Chris Hemsworth a las tres de la tarde?». Por supuesto que aceptarías, porque él es un sueño, y tiene ese acento, y sientes deseos de conocer por qué Chris incluso sabe quién eres. Lo incluirías en tu calendario como un punto no negociable, porque hay muchas cosas asombrosas y emocionantes que experimentarás teniendo esa cita en tu calendario. Entonces, qué tal si de repente alguien te dijera: «Oye, ¿puedes recoger a los niños a las tres y diez de la tarde? Sé que dije que yo lo haría, pero ahora no puedo». No te limitarías a aceptar, no te limitarías a cancelar tu cita, porque es con Chris-*fenómeno*-Hemsworth, y esa cita programada, esa promesa que te hiciste a ti misma, es algo a lo que no renunciarías fácilmente.

Cualquier visión que tengas para tu futuro tiene que ser al menos tan valiosa para ti como esa cita para tomar un café con Thor... o con quienquiera que sea tu versión de Thor. Tienes que reconocer que tu compromiso con eso producirá muchas cosas tan asombrosas y emocionantes como una cita con un superhéroe australiano. Esas cinco horas son lo que se halla entre tú misma y algo grande, y si no puedes dedicar el tiempo en tu calendario a convertirte en la persona que quieres ser, ¿qué estamos haciendo aquí? ¿Por qué incluso lo intentamos? ¿Está tu calendario lleno de cosas que harán tu vida mejor, o está dictado por los deseos y las necesidades de otras personas?

3. ASEGÚRATE DE QUE TUS HORAS MÍNIMAS SEAN LAS MEJORES HORAS.

Yo escribo mejor y más rápido en la mañana. Me siento con más energía que más adelante en el día, y no tengo fatiga en las decisiones que me hagan pensar en exceso en todo. Puedo escribir en la noche, pero siento que voy como un caracol, y, por lo general, necesito dos veces más tiempo para redactar la misma cantidad de palabras. Sé eso sobre mí misma, de modo que programo mis horas mínimas para las mañanas. No es suficiente tan solo con sacar tiempo para las horas; también tienes que programarlas en el momento en que tengas la capacidad mental de hacerlo bien.

4. ORGANIZA TU CALENDARIO SEMANALMENTE.

Tienes que hacerlo. Cada sábado o domingo, Dave y yo nos sentamos juntos y repasamos nuestros calendarios. Hablamos sobre las reuniones de trabajo, los horarios de llevar y recoger a los niños, nuestro tiempo para hacer ejercicio, el tiempo que estamos planeando dedicar a salir con nuestros amigos, y nuestra cita nocturna semanal. También reafirmamos nuestras prioridades de modo que ambos sepamos lo que hay en el plato del otro y en qué podríamos necesitar un apoyo adicional. La vida sucede, amiga, y tú y tus calendarios cambiarán y se transformarán. ¿Esas horas sagradas? Quizá tengan que aparecer en un momento diferente o en un día diferente según transcurra la semana para así poder encajarlas en tu calendario. Si esperas a que haya pasado la mitad de la semana a fin de intentar encontrar un lugar para ellas, habrá menos probabilidades de que realmente llegues a hacer eso que sabes que necesitas hacer. No puedes planear tu calendario al principio del mes y esperar seguirlo sin cambios; no eres un androide. Organiza tu calendario al principio del mes y de nuevo al principio de cada semana para asegurarte de seguir el plan.

———

Puedes sacar tiempo para perseguir tus metas, y tienes que hacerlo ahora. ¿Por qué ahora? Porque si no es ahora, ¿entonces cuándo?

Yo no solía ponerme maquillaje.

Bueno, supongo que *sí* me ponía maquillaje, pero no con frecuencia y no muy bien. Mi hermana mayor, Christina, era y es una entusiasta del maquillaje. Su cabello era abundante y rubio, y su sombra de ojos resultaba impecable. Yo debería haber seguido su estela, pero ella es nueve años mayor que yo, de modo que perdí el tren en todo el asunto de los tutoriales. Supongo que eso explica por qué una rápida aplicación de máscara era lo máximo que podía lograr en mis años de adolescencia. Y por desdicha, adquirir habilidades para el cabello o el maquillaje no es algo que se te otorga mágicamente cuando cumples los dieciocho años, como la autorización para comprar billetes de lotería.

Todo esto es para decir que solo porque yo fuera una adulta legalmente no significaba que estuviera más cerca de parecer tener compostura. Sin embargo, la necesidad es la madre de la invención, y a medida que avanzaron los años me las arreglé para introducir en mi rutina un «día para la cara». Un poco de sombra, delineador, un poco de corrector y brillo de labios transparente se convirtieron en parte del uniforme que me ponía cuando tenía que ir a mi oficina cada día. Pero, ¿en la noche o un fin de semana? ¡De ninguna manera! Maquillarme o rizarme el cabello era para algo especial, como una cita o una fiesta. El resto del tiempo podías encontrarme con mis pantalones de yoga y mi cabello recogido.

Entonces, un día, estaba planeando reunirme con unas amigas para cenar, y al pasar por el espejo del baño tuve un momento de pausa. No lucía estupenda, pero tampoco quería molestarme con el acto de alistarme. Pensé: *¿Es cenar con mis amigas razón suficiente para tomar tiempo a **fin de maquillarme**?* Y casi de inmediato respondí mi propia pregunta.

«Si no es ahora, ¿entonces cuándo?», le pregunté a mi propio reflejo. Había vivido toda mi vida esperando un momento que fuera lo bastante especial para que luciera, me sintiera y actuara como mi mejor versión, y lo cierto es que no necesitamos un momento especial, ni ninguna razón en absoluto, para hacer eso. Si no es ahora, ¿entonces cuándo? Esta frase se convirtió en mi mantra y en la respuesta a una decena de preguntas distintas.

¿Deberíamos comer en la bonita porcelana de la boda o en platos de plástico?

¿Debería arreglarme para una cita con mi esposo, o volver a ponerme unos *jeans*?

¿Debería tomarme el tiempo para escribirle una nota a una amiga?

¿Llamar a Mema y Papá?

¿Cocinar unas galletas para los vecinos?

La respuesta a todas estas preguntas es la misma: si no es ahora, ¿entonces cuándo? Podrías pasarte la vida planeando tu algún día cuando este momento, hoy mismo, este segundo, es todo lo que tienes. ¡El algún día no está garantizado!

Por lo tanto, deja de esperar que sea algún día; el algún día es un mito. No esperes a tener el tiempo; comienza a hacer planes para sacar el tiempo.

No soy suficiente para tener éxito

He hablado mucho en mis escritos y conferencias sobre mi batalla de toda la vida con no sentirme lo suficiente buena. Ese es uno de los temas sobre los que recibo más notas, de modo que sé que no estoy sola con estas inseguridades. Para muchas de nosotras, la lista del no suficiente llega en todas las formas y tamaños. Batallamos con sentimientos de carencia en casi cada área importante de nuestra vida; pero es un juego totalmente distinto cuando nos proponemos alcanzar algo que no estamos seguras de poder hacer realmente.

La falta de ser suficiente en otras áreas de nuestras vidas ya es difícil de por sí. *No soy lo bastante bonita para encontrar a un cónyuge. No estoy lo bastante delgada para ser hermosa. No soy lo bastante mayor para perseguir eso. No soy lo bastante joven para perseguir aquello.* Ya estamos lidiando con sentir que no somos suficientes simplemente en nuestra existencia, y ahora tenemos que alcanzar una meta que está delante de nosotras. ¿Deben estar ausentes en esta área las inseguridades que sentimos sobre la vida común? ¡Claro que no! En realidad, cuando nos proponemos perseguir algo, a menudo estamos tratando con nuestro propio temor de lo que nos falta multiplicado por un factor de nueve millones.

Piensas que no estás en forma en general, ¿y ahora se supone que vas a correr un medio maratón? Piensas que no eres lo bastante inteligente en la escuela, ¿pero en cierto modo vas a construir un negocio exitoso? Piensas que no eres lo bastante aplicada, ¿pero vas a intentar escribir un libro? Y por lo tanto, lo que sucede con demasiada frecuencia es que decides subconscientemente que vas a fracasar antes de ni siquiera intentar tener éxito. La ironía, desde luego, es que aquello que intentas emprender podría ser precisamente lo que demuestre que tu opinión acerca de ti misma está equivocada. Si corres exitosamente el medio maratón, eso afectaría el modo en que te sientes con respecto a lo que tu cuerpo es capaz de lograr. Si construyes un negocio increíble, eso ajustaría tus creencias sobre cuán inteligente eres. Si sigues adelante y finalmente terminas ese manuscrito, demostraría que eres aplicada. Es como un círculo vicioso, porque tus sentimientos de *no ser suficiente* evitan que te demuestres a ti misma que lo eres. Aún no has logrado las cosas que esperas, y por eso decides que no eres capaz de hacerlas.

¿Por qué tratamos de esta manera solamente ciertas áreas de nuestra vida? Cuando te caes mientras intentas aprender a caminar de pequeña, no te quedas en el piso. Te levantas y vuelves a intentarlo. La primera vez que condujiste un auto, probablemente estabas asustada y nerviosa, agarrándote al volante como si fuera una llave de kung-fu. En la actualidad, posiblemente podrías conducir hasta la escuela con tu rodilla izquierda mientras sostienes un biberón para alguien que va en el asiento trasero sin perderte ni una sola palabra de la banda sonora de *Dora la Exploradora* que tienes puesta en un ciclo de repetición. En nuestra juventud fallamos, tropezamos, metemos la pata y nos caemos una y otra vez, y sin embargo, seguimos adelante. No obstante, pídele a una mujer de treinta y siete años que se apunte a una clase de CrossFit por primera vez y ella comenzará a imaginar de inmediato todas las razones por las que fracasará, y antes de darse cuenta se habrá convencido a sí misma incluso para no intentar hacerlo.

Creo que eso se debe a que mientras más joven eres, más fracaso se espera de ti y menos consciente eres de lo que otras personas podrían pensar si fallas. Pero, amiga, las cosas que intentas hacer ahora no son cosas que has logrado antes, de modo que deberían tener estatus de niñez. No es que no seas suficiente para cruzar la línea de meta; es que aún no has pensado cómo correr esa carrera en particular.

Sin embargo, lo entiendo. Eso es algo con lo que yo también he batallado. Lo que me ha obstaculizado para no perseguir una de mis mayores metas en la vida ha sido la creencia de que no soy lo bastante inteligente para construir un gran negocio. O supongo que debería decir que he sentido que no tengo la educación académica suficiente. Cuando admito eso, tiende a sorprender a las personas, supongo que porque reconocí esta creencia limitante hace años y desde entonces he trabajado duro para cambiar la percepción que tengo de mí misma. Mira, siempre que sentimos que tenemos carencia, el único modo de luchar contra esa mentira es con una verdad que la convierte en irrelevante.

Admitiré que no tengo educación formal en el sentido tradicional. Poseo un diploma de secundaria y un año de escuela de interpretación. Eso es todo. No representaba ningún problema cuando era organizadora de eventos, porque las personas me contrataban por mi habilidad con el diseño y la organización. A nadie le importaba si yo tenía o no una maestría. No obstante, en estos últimos años mi empresa ha crecido de modo exponencial, y con ese crecimiento exponencial han llegado más beneficios y gastos, y amigas, soy terrible en matemáticas. Debido a que no es un área en la que me siento confiada, hice todo lo posible por ignorar la parte financiera de mi negocio. Mientras más beneficios entraban, más batallaba yo para entender una hoja de balance que de repente reflejaba las complejidades presupuestarias de una pequeña nación isleña. Esto se convirtió en una profecía realizada.

Me duele admitirlo, pero luego de un par de años en el proceso de construir mi empresa, apenas había mirado nuestros libros de cuentas. Me abrumaban, y no comprendía lo que estaba mirando; por lo tanto, pocas veces le daba un vistazo a los reportes financieros que realizaba nuestro contador. Mientras tuviera dinero suficiente para cubrir los salarios y los clientes estuvieran pagando a tiempo sus facturas, realmente no prestaba atención. En verdad, no era pereza o complacencia lo que impulsaba esa decisión. Era el temor. Cada vez que miraba un reporte financiero y no lo entendía, esa voz en mi cabeza —ya la conoces, esa versión patán de ti misma a la que le gusta señalar todos tus errores— enumeraba todas las cosas que me preocupaban profundamente. *No eres lo bastante inteligente para dirigir una empresa a este nivel. ¿Quién te crees que eres? Esas personas te están confiando su medio de vida y ni siquiera eres capaz de leer una hoja de balance.* Vas a fracasar. Este temor y este círculo de recriminación a mí misma continuó durante años, y entonces un día me harté de ello.

Estaba leyendo un libro excelente sobre ventas, y me sentía muy entusiasmada con respecto a todas esas ideas que estaba recopilando sobre aumentar nuestro beneficio y disminuir nuestros gastos generales. No obstante, sabía que para hacer esas cosas necesitaba, sin duda necesitaba, entender dónde estábamos financieramente hablando. Los temores comenzaron a colarse de inmediato, pero mi emoción acerca de adónde quería ir era más grande que mi temor. Mi ruidosa familia Okie tiene un dicho, y esa mañana mientras estaba sentada en mi escritorio, me vino a la cabeza.

«Rach», me dije a mí misma en voz alta. «O haces algo productivo, o te bajas del tren».

¿Directo? Sin ninguna duda. Pero a veces necesitamos escuchar en nuestra cabeza la voz clara y sensata de nuestro abuelo para recordarnos quiénes somos realmente. O bien iba a dirigir este negocio y desarrollarlo con valentía, determinación y fe en mí misma, o tenía que dejar de jugar a ese juego. Mi creencia limitante era que yo no era lo bastante inteligente porque carecía de una educación formal en finanzas empresariales para ayudarme a entender. Tenía que contrarrestar esa creencia limitante con una verdad que le arrebatara su poder.

La verdad que me recordé a mí misma es que en el pasado siempre había solucionado las cosas. Siempre. Había sido dueña de mi propia empresa durante catorce años y ni una sola vez me había alejado de un reto. ¿Entonces, qué? ¿Ahora que en realidad estaba siendo exitosa a mayor escala iba de repente a tirar la toalla? ¿Solo porque no me sentía segura? ¡De ninguna manera! Cuando comencé a animarme con esta verdad, conseguí la claridad suficiente para plantearme una pregunta mejor. En lugar de aceptar que no era lo bastante inteligente, trabajé en el problema específico que tenía delante. ¿Cómo podía comprender mejor aquello? ¿Había alguna clase que pudiera tomar?

¡Claro que la había! Inmediatamente envié una solicitud y me aceptaron en un programa de contaduría empresarial en la Internet de la Harvard Business School. La idea, desde luego, era que si sentía que no era lo bastante inteligente, el antídoto a eso debía ser solicitar la entrada en uno de los programas de la Internet más difíciles que estaban a mi disposición ese día. Cuando pasara esa clase, me dije, eso me demostraría a mí misma —¡no, al mundo entero!— que se me daban bien los números. Un psicólogo tendría un excelente caso de estudio.

Tomar esa clase fue un fracaso abismal.

Por una parte, era muy cara. Por otra parte, me fue bien en los exámenes y saqué buenas calificaciones, pero fue solo porque estudié e hice bien los exámenes. Cuando la clase terminó, en realidad no tenía un mayor conocimiento sobre cualquiera de los conceptos que conocía cuando comencé. Además, consumía mucho tiempo, lo cual en realidad me hacía sentir más ansiosa con respecto a dirigir mi empresa exitosamente, ya que estaba empleando una gran parte de mi vida en hacer trabajo escolar.

Te cuento esta parte de la historia porque creo que es un obstáculo que muchas de nosotras tenemos en el camino hacia el crecimiento personal de cualquier tipo. Identificamos el problema. Decidimos que vamos a solucionarlo. Intentamos arreglar nuestro problema personal haciendo algo que de ninguna manera nos refleja personalmente.

Es como si Sara decidiera que va a ponerse en forma y apuntarse en una serie de clases locamente caras de SoulCycle. A su hermana le encanta la clase de spinning, así que debe haber algo estupendo en la misma. No importa que Sara aborrezca el ejercicio en grupo y que la clase de SoulCycle sea de cuarenta minutos por toda la ciudad. O quizá es Megan quien necesita aumentar sus ingresos como mamá soltera, de modo que decide dedicarse a la venta directa. En realidad no le gusta el producto y le mortifica la idea de vender delante de un grupo, pero su mejor amiga ha tenido mucho éxito en ello y está segura de que ella también puede lograrlo. O quizá eres una emprendedora que dejaste la universidad porque batallabas para aprender en un entorno de salón de clase. Aprendiste todo lo que sabes sobre el negocio sobre la marcha mediante tu propia investigación, pero cuando más necesitas ese conocimiento, decides que lo mejor que puedes hacer es seguir el tipo de aprendizaje que aborreces por completo.

Amiga, el crecimiento personal se supone que debe ser personal.

No hay un método igual para todas. Tiene que ser personalizado para ti misma y el modo en que mejor aprendes, o nunca va a ser duradero. Sé estricta sobre tu meta, pero flexible con respecto a cómo llegar hasta ella. Sara debería haberse comprometido a poner su música favorita y entrenarse para una carrera. Le encanta el hip-hop y estar al aire libre, de modo que podría haber personalizado sus entrenamientos según su personalidad y haber logrado resultados reales. Megan debería haber conseguido un empleo en su cafetería local favorita. Puede hacer horas extra mientras los niños están con su papá, y puede charlar con las personas que entran y estar en un entorno que le gusta mucho.

¿Y yo? Me tomó un minuto (y varios miles de dólares en matrícula no reembolsable), pero finalmente reconocí que necesitaba aprender esta habilidad para los negocios del mismo modo que había aprendido cualquier otra habilidad. Me pregunté a mí misma: ¿Hay libros que podría leer? ¿Conferencias a las que podría asistir? ¿Podría contratar a alguien? ¿Podría ser más sincera sobre lo que entendía y no entendía para obtener claridad?

La respuesta a todas estas preguntas era: ¡claro que sí!

¿Era fácil aprender sobre un tema en el que no estoy particularmente interesada sin tener un bosquejo claro de qué hacer a continuación? No. ¿Era cómodo admitir ante los demás que no era capaz de entender las cifras que había fingido comprender antes? De ninguna manera. Sin embargo, ¿cuál era la alternativa?

La voz de mi abuelo en mi cabeza seguía sonando con más fuerza que mi conversación negativa conmigo misma.

Siempre había solucionado las cosas antes. Siempre las solucionaré. De modo que me puse a trabajar. Aprendí cuál era la diferencia entre una hoja de balance y una hoja de beneficios y pérdidas en un vídeo de YouTube. Fui a una conferencia de negocios tras otra y me senté para escuchar cada sesión sobre contaduría, aunque me parecía más aburrido que ver secarse la pintura. En una de esas conferencias de negocios resultó que tomé una clase de Keith J. Cunningham (lo menciono por su nombre en caso de que resulte que alguna batalla con esta misma inseguridad. ¡Encuentra un modo de verlo hablar en directo!). Nunca nadie me había explicado las finanzas de los negocios con tanta claridad o sencillez como lo hizo él aquel día. Literalmente, lloré como una niña, porque al fin entendía cosas que antes no había entendido. En verdad, ¿quién solloza por principios básicos de contaduría?

Alguien que pensaba que no era lo bastante inteligente para comprenderlos jamás.

Esa es la parte más loca sobre no sentir que somos suficientes para alcanzar nuestros sueños. El único modo de demostrar que lo eres es situándote al otro lado de la duda. Eso es mucho más difícil de hacer si estás siguiendo el camino de alguna otra persona. Necesitas enfocarte en lo que te ha funcionado a ti en el pasado y aplicar esas ideas a tu nueva aventura. También necesitas creer en tu posibilidad en lugar de enfocarte en la probabilidad.

No tener el conocimiento solo hace que seas enseñable, no estúpida. No estar en forma solo hace que seas moldeable, no perezosa. No tener la experiencia solo hace que tengas más ganas, no que seas ignorante. Cambia el guión y oblígate a ti misma a ver lo positivo donde has visto únicamente lo negativo. ¿Cuáles son las ventajas de no conocer, no entender, no conquistar, no tener, no alcanzar tus metas aún? El *aún* importa. El aún nos recuerda que tenemos toda una semana, todo un mes, toda la vida por delante de nosotras a fin de convertirnos en quienes fuimos creadas para ser.

Tú eres suficiente. Hoy mismo. Tal como eres. Deja de flagelarte por estar en el lado inicial del *aún*, sin importar cuál sea tu edad. El *aún* es potencial. El *aún* es una promesa. El *aún* es lo que te mantiene avanzando. El *aún* es un regalo, y tú eres suficiente para llegar al otro lado.

En mi caso, dejar atrás esta creencia limitante para mí misma como emprendedora llegó con un reconocimiento de todas las cosas que *había hecho* en lugar de enfocarme en lo que no había hecho. Hay un ejercicio estupendo para esto que aprendí hace años atrás y creo que podría resultarte útil si estás dudando en cuanto a si puedes hacer algo. Escríbete una carta a ti misma, proveniente de ti. Más concretamente, escribe en nombre de tu tenacidad, de la parte de ti que nunca abandona, del lugar totalmente contrario a tu temor. Escribe en nombre de la confianza en ti misma. Escribe en nombre de tu corazón, tu instinto y la parte de ti que siempre consigue lo que se propone.

Cuando les pido a las mujeres que hagan eso en nuestra conferencia, siempre se produce un momento de confusión. «Pero yo no he hecho nada», me dicen. «No tengo nada que escribir».

Hermana, el problema no es que no hayas hecho nada; el problema es que no te das a ti misma ningún mérito por las cosas que has hecho. Necesitas escribir una carta a partir de tu verdad para extinguir las mentiras acerca de quién eres en realidad. Por lo tanto, si te preocupa tener sobrepeso y no estar en forma, entonces escríbete una carta a ti misma sobre todas las veces en tu vida en que tenías un cuerpo increíble. ¿Practicabas algún deporte de niña? ¿Llevaste un bebé en tus entrañas? ¿Diste vida y crecimiento a otro ser humano? ¿Están esos brazos demasiado blandos y sin tono? ¿Cuántas veces esos brazos han ofrecido amor y consuelo a otras personas? ¿Cuántas veces esos brazos te han ayudado a cuidar de tu familia, hacer tu trabajo, o crear tu arte? ¿Crees que tu sueño es demasiado grande, demasiado imposible? Escribe todas las veces que hiciste cosas que nadie pensó que podrías hacer.

Voy a compartir contigo la primera carta que me escribí a mí misma, y te diré desde ahora que la carta original incluía muchos insultos y maldiciones, porque (a) sinceramente nunca planeé que nadie la leyera, (b) algunas veces una mala palabra bien ubicada puede animarme, y (c) amo a Jesús, pero digo algunas malas palabras. Para nuestros propósitos hoy, la he suavizado un poco y he eliminado las palabras que podrían prohibir este libro en varios países. La carta original sigue estando en el interior del cuaderno en que la escribí aquel día. No tiene fecha, pero sé que la escribí en medio de mis luchas con mis peores inseguridades acerca de si era lo bastante inteligente para desarrollar mi negocio. La escribí de parte de mi persistencia.

Querida Rachel:

Soy tu persistencia, y esto es lo que quiero que sepas de mí. Soy una provocadora. Nací con dolor y temor, y me labré mi camino batallando. Me gradué a una edad muy temprana. Me mudé a una ciudad nueva. Conseguí un empleo para el cual era demasiado joven, y después otro, y después otro más. Construí una empresa que no debería haber funcionado, y después otra luego de esa. Escribí cinco libros. Escribí incluso más. Me ocupé de ser un hogar de acogida temporal y de criar a cinco niños. Hago cosas que ninguna otra persona puede hacer en menos tiempo del que cualquiera puede creer. Soy consciente de mí misma. Trabajo duro en mi persona. Enfrento cosas difíciles una, y otra, y otra vez. No abandono, jamás. Puede que tu temor sea poderoso, pero no hay una fuerza característica mayor en tu vida que yo, tu persistencia. ¡Tienes treinta y tres años que sirven como ejemplo de eso!

Este ejercicio fue tan poderoso para mí en ese momento porque verdaderamente no me daba mérito por todas las cosas que había hecho. Necesitaba recordarme a mí misma la verdad. Quizá no había tenido educación formal, pero hice todas esas cosas que enumeré, y sigo haciéndolas. Eso es lo que quiero que tú hagas hoy. Eso es lo que quiero que hagas este fin de semana, y dentro de tres meses quiero que vuelvas a hacerlo. Después, en otros tres meses quiero que vuelvas a repetirlo. Cada vez que el temor a *no ser suficiente* aparezca ante ti en cualquier manera estúpida que tienda a hacerlo, quiero que te recuerdes a ti misma la verdad. No la opinión.

Porque la mayoría de nosotras, las mujeres especialmente, nos aferramos a algo pequeño, alguna pequeña mentira, alguna creencia limitante que hemos tenido desde la niñez. La hemos creído por tanto tiempo que ni siquiera la cuestionamos ya. Escuchamos algo cuando éramos más jóvenes y nuestros sentimientos estaban tiernos. Alguien dijo algo, alguien le habló a tu inseguridad sobre ti misma, de modo que te pasaste toda una vida cuestionándote y aceptando como verdad lo que dijeron. La locura es que no se trata de algo cierto. Es una opinión.

1+1 nquiera que te dijera aquello, tstraute= 2 es un hecho.

La gravedad existe aquí en la tierra. Hecho.

El agua puede extinguir el fuego. Hecho.

¿No eres «suficiente» en algo? Opinión. Es la opinión de otras personas, o quizá la tuya propia, pero en cualquiera de los casos no está arraigada en ninguna realidad distinta al peso que tú le des. Por lo tanto, ¿cuánto de tu vida estás viviendo —o más bien no viviendo— porque has estado tratando una opinión como si fuera una verdad?

Esta es la locura sobre la idea de ser suficiente. Cualesquiera sean tus problemas con no creer que eres suficiente, esa es la opinión que otra persona te dio, fuera de modo intencionado o no, y tú la has aceptado y la has convertido en una doctrina en tu vida.

Nunca lo resumimos de esa manera. Nunca pensamos realmente: *Ah, no siento que soy suficiente porque los medios de comunicación me lo dijeron, porque mi tía me dijo algo una vez, porque una niña en el octavo grado lo comentó, y eso se convirtió en mi realidad.* ¿Has pensado alguna vez cuán ridículo es vivir tu vida, tomar decisiones y dejar de perseguir tus metas, intentar cosas y salir ahí fuera basándote en algo que alguna persona te dijo una vez? Ya sea que proviniera de una voz de autoridad o de una muchacha en la Internet, si eres vacilante debido a que otra persona te diga que no eres suficiente, aún sigues viviendo tu vida y tomando decisiones para ti misma, y por consiguiente para tu familia, basándote en la opinión de otra persona.

¡Otras personas no tienen que decirte lo que puedes tener!

¡Alguien más no tiene que decirte quién puedes ser!

El mundo no tiene que decidir lo que debes intentar.

Tú eres la única que puede tomar esa decisión.

Aquí está la otra cara de la moneda. Tienes que dejar de culpar al mundo de tus problemas. No puedes decir: «Bueno, durante toda mi adolescencia se burlaron de mí, y por eso soy insegura». O tal vez: «Mis padres me hicieron esas cosas, de modo que ahora no puedo salir adelante».

No estoy menospreciando el trauma que arrastramos desde nuestra niñez. Es increíblemente doloroso experimentar un trauma, particularmente en un periodo de la vida en el que somos muy maleables a las opiniones de otras personas. Sin embargo, esta es la realidad. La escuela secundaria terminó. Eso sucedió hace mucho tiempo. No eres ya una niña pequeña, y no puedes seguir viviendo tu vida con la mentalidad de una niña de séptimo grado, independientemente de cuál doloroso fuera ese año para ti. Tienes que decidir en este momento que vas a hacerte cargo de tu vida y a permitir que todas esas estupideces queden atrás, pues ya no importan. Porque quienquiera que te dijera aquello, tu mamá, o tu hermana, o la niña malvada, o el chico mezquino en la secundaria, o quien quiera que fuese, ellos no tienen una opinión sobre tu vida. Ellos no están en la cancha. Ellos no participan en el juego. Ellos no son quienes reciben los golpes. Eres tú.

Es algo simultáneo. No puedes vivir tu vida según sus opiniones, y tampoco puedes seguir culpándolos a ellos. Necesitas abrazar tu propio camino. Necesitas aceptar que lo que sucedió sí sucedió, y decidir tener en mente los pasos que tienes que dar ahora para sanar y dejar atrás esas cosas. No puedes seguir viviendo con las excusas de algo que sucedió hace quince o veinte años atrás. Porque, en serio, ¿cómo está funcionando eso para ti?

Sé que hay personas en este momento que están pensando: *Pero no sabes lo que me hicieron. No sabes lo que tuve que pasar.* Tienes razón, no lo sé. Pero sí sé que si tu pasado sigue afectando tu vida en el presente de manera negativa, aferrarte a ello no te está ayudando en nada.

¿Te hace sentirte mejor contigo misma? ¿Te hace ser más amable con la gente cuando vives en ese estado de miseria, en un estado de pensar: «Soy demasiado gorda. Soy demasiado delgada. Soy demasiado joven. Soy demasiado vieja. Soy demasiado...»? ¿Cómo te está haciendo sentir eso?

Te está haciendo sentir como una basura. Nadie vive en un lugar en el que no se siente suficiente y está contento al respecto. Nadie es inspirado y toma grandes decisiones, se entusiasma y emociona por cada día mientras vive en un estado de no ser suficiente.

Lo asombroso es que todo esto es una percepción. Es lo que tú crees que es cierto. Y tú eres quien decide lo que crees. Si fuéramos amigas en la vida real, te sacudiría por los hombros y te recordaría que tú eres quien decide.

Yo soy una prueba viviente de que tu pasado no determina tu futuro.

Yo soy un ejemplo vivo y que respira.

Yo soy tu amiga, Rachel, y te digo que atravesé el trauma y experimenté el dolor, he sufrido acoso escolar y me he sentido fea, indigna y no suficiente de cientos de maneras distintas. Y he decidido reclamar mi vida. La he reclamado y he luchado contra las mentiras y las creencias limitantes una, y otra, y otra vez. He construido sobre esa fortaleza mirando lo que es cierto, no lo que es una opinión. Y tú también puedes hacerlo.

EXCUSA 5:

NO PUEDO PERSEGUIR MIS SUEÑOS Y SEGUIR SIENDO UNA BUENA MAMÁ/HIJA/EMPLEADA

Puedes quitar la palabra *mamá* de esta excusa y sustituirla por cualquier otra que escojas: esposa, hija, hermana, cristiana, amiga... llena el espacio en blanco.

Aborrezco esta excusa.

En realidad me saca de quicio. No porque podrías creerla, sino porque yo también la creía. ¿Sabes cuántos años desperdicié intentando vivir mi vida para agradar a todo el mundo? ¿Sabes cuánto tiempo me flagelé porque me gustaba trabajar cuando todas las otras mamás que conocía querían quedarse en casa? La mayoría de nosotras batallamos con esto, y la inmensa mayoría de quienes lo hacen no perseguirán nada que podría llegar a expensas de la felicidad de alguna otra persona.

¿Quieres apuntarte a un gimnasio, pero requeriría eso que tu esposo cuidara del bebé para que tú pudieras hacer ejercicio, y a él no le gusta cuidar del bebé? ¡Ah, vaya! Bueno, supongo que no puedes ir. ¿O quieres mudarte a una ciudad nueva, pero tu familia está muy unida y tu mamá se pondrá como loca si no estás cerca? Está bien, supongo que vivirás siempre donde estás. ¿O quieres pasar tu jubilación viajando por el mundo como siempre has soñado, pero tu hija contaba con tenerte cerca para que la ayudaras con los niños? Bien, será mejor que dejes a un lado esa visión para tu vida.

Después de todo, la felicidad de ellos importa más que la tuya, ¿cierto? Ellos importan más que tú. La única manera de ser una buena madre, hija, amiga, o cualquier otra cosa es estar ahí para esas otras personas exactamente como ellos quieren que estés, y cuando ellos lo deseen, ¿verdad?

Señoras, tienen solo una oportunidad en esto, literalmente solo una oportunidad en esta vida, y no saben cuándo podría terminar su oportunidad. No pueden desperdiciarla viviendo solo para los demás.

No me refiero a que deberías ser totalmente egoísta. No me refiero a que deberías suponer que la vida se trata exclusivamente de ti y de lo que te hace feliz. Parte de pertenecer a una familia, una relación o una comunidad significa estar al lado de otros. El problema es que la mayoría de las mujeres que conozco no batallan por estar al lado de otros; batallan por estar al lado de ellas mismas.

El otro día hablaba con mi papá sobre la idea para este libro. Le dije que quería escribir acerca de perseguir y alcanzar metas. Le conté sobre cuántas mujeres me envían notas preguntándome cómo encontrar la valentía para hacer eso. Él me sugirió que te dijera que fueras egoísta.

«¿Sabes lo que me dijeron el primer día de clase para mi doctorado?».

Mi papá siempre, siempre comienza cualquier historia con una pregunta, sabiendo bien que su audiencia no conoce la respuesta. Yo solía aborrecer eso cuando era niña, porque suponía que él solo quería demostrar su intelecto superior. Sin embargo, como adulta puedo mirar atrás y ver que él nos estaba enseñando desde muy temprana edad a trabajar en un problema antes de esperar a que alguien nos diera la respuesta. Ahora, desde luego, yo hago exactamente lo mismo con mis hijos y me estremezco al imaginar lo que mi yo de ocho años pensaría de eso. En cualquier caso, yo no tenía una respuesta para él ese día.

«No, papi, ¿qué te dijeron?».

«Nos dijeron que fuéramos egoístas. Nos dijeron que conseguir un doctorado cuando se está más adelante en la vida era algo que uno hace por sí mismo y nadie más. Nos dijeron que no pasaría mucho tiempo hasta que nuestro cónyuge, o nuestros hijos, o nuestro jefe se frustraran por nuestras clases, o nuestras tareas escolares, o por cuánto tiempo toma redactar una tesis. Nos dijeron que si no éramos egoístas con esto, con nuestro sueño de tener un doctorado, permitiríamos que otra persona nos convenciera para abandonarlo».

Voy a suponer que pasaste una buena parte de tu vida pensando en los demás, cuidando de otros, y siendo una miembro de la familia, empleada y amiga estupenda; pero voy a decirte, al menos en lo que respecta a tu meta, que tienes permiso para enfocarte en ella incluso si eso significa que perderás parte del tiempo con las personas que te importan. También voy a alentarte a preguntarte a ti misma (como en el capítulo anterior) si algo es cierto o si algo es una opinión.

Existen dos opiniones muy conocidas que influyen mucho en la narrativa sobre lo que puedes y no puedes ser simultáneamente. La primera es el balance entre el trabajo y la vida. La idea de que el trabajo y la vida pueden estar perfectamente en equilibrio es una opinión.

Es la pregunta del millón de dólares para toda mamá trabajadora, ¿cierto, damas? ¿Cómo balanceas tu empleo y tu vida familiar?

Esa es una pregunta válida y de la que vale la pena hablar, aunque no sea por otra razón sino que da seguridad escuchar que otras mamás también batallan con esto. Mis pensamientos sobre este tema son en realidad bastante fuertes, y no me importa revelarte exactamente lo que he dicho en numerosos paneles de negocios a lo largo de la última década.

El balance entre trabajo y vida es un mito.

Más que eso, es un mito dañino, porque no creo que nadie en realidad lo logre, y aun así sentimos positivamente que de algún modo otras mujeres lo han conseguido. Alguien en algún lugar lo mencionó como una posibilidad —lo cual es su opinión, te recuerdo— y los medios parecen agarrarse a eso. Por lo tanto, cuando sentimos que no hay balance y batallamos para mantener en el aire todas las bolas, suponemos que se debe sencillamente a que no hemos encontrado el balance entre trabajo y vida. Esto se convierte en una cosa más en la que fallamos como mamás, además de olvidar que era «un día de peinados extravagantes» en la escuela y haber comprado el tipo de yogurt equivocado. ¡Ay! Detesto cualquier cosa que haga que las mujeres nos sintamos mal o menos que nadie, de modo que permíteme desbancar esta idea ridícula.

El balance entre trabajo y vida. Su descripción implica que esas dos cosas viven en armonía, divididas perfectamente en la escala de tu vida. Mi trabajo y mi vida en el hogar nunca jamás han estado balanceados igualmente en ningún nivel. Incluso cuando era una muchacha de diecisiete años que hacía sándwiches en la Sub Station de mi pueblo natal. Incluso entonces había días en los que un gran proyecto en la escuela significaba que no podía trabajar tantas horas. O aceptar un turno lucrativo el sábado (lleno de buenas propinas) implicaba que no podía salir con mis amigas. El trabajo y la vida personal siempre batallarán el uno contra el otro en busca de la supremacía, porque ambos requieren toda tu atención a fin de prosperar. No es algo malo ni equivocado; sencillamente así es cómo funciona la vida.

Algunas veces, los muchachos tienen actividades escolares o consultas médicas y yo tengo que dejar el trabajo para estar presente en esas circunstancias. De igual manera, en este momento mientras estoy sentada en el único escritorio que hay en nuestra casa (en el cuarto de mis hijos mayores), toda mi familia está pasándolo estupendamente abajo junto a la piscina. Puedo escucharlos allí riendo y cantando al ritmo de la música pop. Están bebiendo LaCroix y viviendo sus vidas al máximo, y yo estoy aquí arriba... escribiendo este libro. Perseguir mi sueño de ser una autora que alienta a otras mujeres significa que algunas veces tendré que perderme ratos en la piscina a fin de hacer que eso suceda. La balanza nunca está equilibrada; se balancea constantemente sobre la base de lo que necesita mi atención en un momento exacto. Creo que eso es genuino para la mayoría de nosotras independientemente de la etapa de la vida en la que nos encontremos, y el único modo de dejar atrás esta mitología de que algunas personas lo tienen todo solucionado es comenzando a ser sinceras sobre cómo son realmente nuestras vidas y nuestras prioridades. Aquí, yo seré la primera...

MI PROPIO YO

Al principio de mi periodo como mamá y emprendedora, yo misma no era una prioridad en absoluto. Corría de un lado a otro, ocupándome de todos los demás y sin preocuparme ni una sola vez sobre cómo todo eso podría afectarme. Era un desastre. Me enfermaba seriamente al menos vez al año. Siempre estaba estresada. Siempre batallaba con mi peso. Era un caos. Entonces alguien señaló que no podía ocuparme adecuadamente de nadie si antes no me ocupaba de mí misma. Mi salud y bienestar son ahora mi mayor prioridad. Duermo ocho horas cada noche. Sí, ocho horas. No seis o ni siquiera siete. Ocho horas. Como bien. Bebo mucha agua. En más de cuatro años no he permitido que una Coca-Cola de dieta toque mis labios. ¡Sí, aún soy adicta al café, pero no puedo ganar en todo! Comencé a correr y recorro al menos doce millas (diecinueve kilómetros) por semana. Logro sacar varias horas semanales para la oración, la iglesia y el trabajo como voluntaria, ya que mi fe es muy importante para mí. No creo que la meta sea estar siempre balanceada, amiga. Creo que la meta es estar centrada. Centrada significa que te sientes arraigada y en paz contigo misma. Centrada significa que no te pueden noquear a pesar de cuán caóticas se vuelvan las cosas. Si me priorizo a mí misma y me aseguro de estar centrada, entonces todo lo demás discurre con suavidad... ¡incluso cuando sea correr a cien millas por hora!

MI MATRIMONIO

Estoy segura de que muchos padres y madres sitúan a sus hijos naturalmente como su primera prioridad, pero mi matrimonio siempre será la relación más importante en mi vida. Dave y yo tenemos una cita nocturna semanal, y tomamos juntos unas vacaciones anuales extravagantes —espera a oírlo— *sin nuestros hijos*. Cuando estamos en casa tenemos interferencias con tres muchachos pequeños y nuestra abeja reina, Noah Elizabeth, de modo que resulta esencial que podamos estar el uno con el otro regularmente y actuar como adultos en la vida real. Debido a que los dos apoyamos mucho las carreras profesionales del otro, puede ser muy fácil comenzar a descuidar nuestra relación, lo cual ha sucedido numerosas veces a lo largo de los años. Por lo tanto, en lugar de arriesgarnos a que nuestro matrimonio resbale hacia un lugar poco sano, hemos acordado hacer una prioridad el uno del otro. No queremos tener un buen matrimonio o incluso un matrimonio estupendo. Queremos tener un matrimonio excepcional, y lo excepcional requiere intencionalidad.

MIS HIJOS

Tengo cuatro hijos: Jackson, Sawyer, Ford y Noah. Por lo tanto, incluso cuando no estoy en el trabajo, me mantengo siempre ocupada. Está la rutina matutina y llevarlos a la escuela, la cena, la hora del baño, los libros y el tiempo de irse a la cama. Después llegan los fines de semana cuando corremos a eventos deportivos y fiestas de cumpleaños. Esa es una imagen que de cómo es la vida actualmente con los niños, pero permíteme hablarte también de los dos primeros años de dirigir mi empresa. Trabajaba como una loca. Con frecuencia estaba en la oficina a las ocho de la mañana, lo cual significaba que nunca podía dejar a los niños en la escuela. Recibía notas sarcásticas de las mamás de la escuela sobre perderme viajes al campo y ventas de pasteles, y me quedaba dormida llorando por eso más noches de las que puedo enumerar. Nadie le envió nunca notas sarcásticas a mi esposo por tener que trabajar durante un viaje al campo; pero esa es una diatriba para otra ocasión. La mayoría de las tardes regresaba a casa sobre las siete, lo cual significa que me perdía la cena. Fue un periodo realmente caótico, pero este tipo de carga de trabajo también es parte de ser emprendedora y dirigir una pequeña empresa. Algunas personas argumentarán que me perdí un tiempo valioso con mis hijos, y yo no estaría en desacuerdo; pero esos tres pequeños también observaron a su mamá construir una empresa desde cero. Me vieron desarrollar esa empresa hasta ser algo tan grande que su papá también comenzó a trabajar allí. Han visto de primera mano el poder del trabajo duro y la dedicación, y estoy orgullosa del ejemplo que he establecido para ellos. Eso, para mí y en aquel periodo, fue otra manera de priorizar a mis hijos, con una visión a largo plazo en mente.

MI TRABAJO

No voy a fingir que no hubo veces en las que el trabajo ocupó la mayor parte de mi atención. Tampoco voy a fingir que aquellos no fueron los tiempos más difíciles en lo que respecta a mi matrimonio, mi salud y mi habilidad para ser el tipo de mamá que quiero ser. Ahora que estoy más establecida en mi carrera profesional, soy más capaz de terminar mi trabajo durante las horas de oficina. Además, llevar cinco años en este negocio significa que tengo la ayuda de un equipo increíble, de modo que todo no recae sobre mis propios hombros. Mi trabajo es una prioridad, sin duda, pero se ve diferente en este periodo actual de lo que se veía en otros anteriores.

———

Recuerda: saber cómo compaginar todas las partes de tu vida de una manera saludable es como una balanza que se mueve a un lado y otro. Algunos periodos de tu vida requerirán más atención en cierto aspecto que en otro, y eso está bien. Alguien dijo en una ocasión que era posible mantener el balance, pero esa es solamente su opinión. Tú eres quien decide si es cierto o no.

La otra opinión que afecta nuestras narrativas acerca de lo que podemos y no podemos ser al mismo tiempo se adentra en un área de la vida que sé que no se aplicará a cada mujer que está leyendo este libro, pero sí a una inmensa mayoría, y quienes la sufren se están ahogando por ello. Quiero hablar al respecto. Quiero que todas seamos conscientes de qué está sucediendo para que así, como comunidad, podamos arrebatarle el poder a esta cosa tan insidiosa.

La culpabilidad como mamá.

¡Amigas, la culpabilidad como mamá es una mierda!

Ahí está, ya lo he dicho. ¡No sé si mi editora me dejará mantener ahí esa palabra, pero si queremos aferrarnos a una mala palabra en este libro, Jessica, que sea la que aparece en esa línea!

La culpabilidad como mamá, en caso de que no la hayas experimentado personalmente, es esta cosa horrenda, grosera y cancerosa que se adentra en tu corazón y se abre camino hasta tu cabeza, donde se infecta para siempre a menos que decidas activamente matarla. A la culpabilidad como mamá le gusta recordarte regularmente todas las maneras en que les estás fallando a tus hijos. Algunas mujeres batallan con la culpabilidad en temas como ir al trabajo. Otras batallan bajo el peso de la culpabilidad relacionada con todo, desde querer tiempo para ellas mismas hasta no darles de comer a sus hijos el tipo correcto de arándanos. Y supongo que si eso fuera lo único por lo que tuvieras que preocuparte, quizá no sería tan malo, pero ser una mamá significa que hay 967 cosas por las que preocuparte en cualquier día dado. Por lo tanto, no solo eres responsable de la ropa, el cobijo y la higiene dental de otra persona, sino que también vas a flagelarte a ti misma por esas 967 decisiones que estás tomando *a medida que las tomas*, ¿y crees que eso hará que seas mejor la próxima vez? De ninguna manera. Eso solamente va a confundirte, abrumarte y arrebatarte cualquier confianza que tuvieras en ti misma como mamá, la cual, seamos sinceras, es endeble en el mejor de los días.

Ya puedo oír las críticas sobre esto. *Bueno, nos dijiste que seamos conscientes de nosotras mismas. Nos dijiste que deberíamos ser sinceras con respecto a las áreas en las que podemos mejorar.* Tienes razón. El problema es que la culpabilidad como mamá no se trata de ser consciente de una misma. La culpabilidad como mamá se trata de autodestrucción. Parte del crecimiento en cualquier área de la vida es una disposición a hacer cambios para mejorar. Pero la culpabilidad como mamá no se trata realmente de mejorar, y la mayoría de las veces es debilitante. Sin embargo, regresamos a ella una y otra vez.

Escúchame cuando digo lo siguiente: ella no te sirve de ninguna manera. Tampoco les sirve de nada a tus hijos.

Dije algo parecido recientemente en una emisión en directo y alguien comentó lo siguiente: «No, la culpabilidad es muy importante. Sentirse culpable es la forma de saber que estamos haciendo algo equivocado. La culpabilidad es el modo que tiene Dios de decirnos que estamos tomando malas decisiones».

Qué porquería.

No, en serio. Eso es un montón de porquería envuelta y fingiendo ser santa.

No me importa en qué religión te hayan criado. Tu creador no te enseñó a sentir culpabilidad y vergüenza. Fueron las personas quienes te enseñaron sobre la culpabilidad y la vergüenza. Eso significa que aprendiste a avergonzarte de cualquier cosa que tu gente creyera que era vergonzosa. Y ahora te sientes culpable de cualquier cosa que tu familia o las personas influyentes en tu vida pensaran que era algo por lo que sentirse culpable.

Permíteme darte un ejemplo muy personal de esto. Yo me crié en la década de los ochenta como hija de un predicador pentecostal. Basta con decir que no me enseñaron a ver mi sexualidad como algo bueno. En realidad, no me enseñaron a ver mi sexualidad de ningún modo en aquel tiempo. Eso era algo que se suponía que debía «reservar para el matrimonio». Nadie me dijo exactamente lo que estaba reservando o lo que debería hacer con ella cuando me casara. No es ninguna gran sorpresa o ninguna gran originalidad decir que me sentí muy incómoda poniéndome cómoda con el sexo. En toda mi vida nadie me habló nunca sobre sexo, excepto para decir que era vergonzoso entregarse antes de cierto momento. El problema es que incluso después de que llegó ese momento, yo no podía liberarme de la vergüenza que había aprendido a asociar con ello. Tuve que luchar años para dejar atrás eso, y me alegra decir que ahora mi vida sexual con mi esposo es fantástica, muchas gracias. Sin embargo, la vergüenza que sentía al tener relaciones sexuales con mi esposo al principio era muy real, y no creo ni por un segundo que esa culpabilidad que sentía se debiera a que Dios me estaba diciendo que el sexo con mi esposo estaba mal. La culpabilidad y la vergüenza no vienen de Dios, de modo que, por favor, no te permitas a ti misma suponer que tu culpabilidad como mamá es algo divino.

La culpabilidad como mamá solo funciona para hacerte cuestionar todo lo que has hecho, estás haciendo o podrías considerar hacer en el futuro. Dondequiera que miremos, artículos, libros y programas sugieren esto o recomiendan aquello. A las mamás en la escuela solo les gusta esta marca o ese estilo, y no quiera el cielo que tú eduques a tus hijos de modo distinto a como se crió tu cuñada o tu esposo.

¡Detengamos la locura!

Número uno, ¡caramba, lo estás haciendo lo mejor que sabes! El hecho de que estés experimentando alguna culpabilidad en este momento me dice que tus hijos te importan y que lo estás intentando. No siempre vas a ser el tipo exacto de mamá que te gustaría ser, incluso cuando lo intentes con todas sus fuerzas. Hoy, intentaba colocarle protección solar en las mejillas gordas a Noah, y ella se cayó de espaldas y se golpeó la cabeza con el piso de madera.

Entonces lloró como si fuera el fin del mundo. Amigas, yo intentaba ponerle protección solar de factor 80+ para mantenerla segura, y accidentalmente hice que tropezara con su pañal para nadar. ¡Estaba haciendo las cosas lo mejor que sabía y aun así me las arreglé de algún modo para fastidiarlo todo! ¡Así es la vida! ¡Eso es la educación de los hijos! ¿Cuándo se aprobó alguna ley que dice que se supone que debemos hacer esto sin ningún fallo?

Mientras yo era pequeña íbamos de un lado a otro —sin cinturones de seguridad— en el asiento trasero de una camioneta. Nadie se preocupaba por los asientos de los vehículos o la seguridad en la carretera. La mamá de una de mis amigas no deja de reírse si intentas hablarle sobre prácticas de seguridad en el embarazo. «Querida», dirá mientras mueve su mano en tu dirección general. «Eran los años sesenta. Yo me tomaba un Martini cada día durante mis tres embarazos». Es decir, ¿qué situación caótica tipo *Mad Men* se producía en aquel entonces?

Todas lo estamos haciendo lo mejor que sabemos, amiga, y flagelarte cuando lo intentas con tantas fuerzas no va a ayudarte a hacerlo mejor la próxima vez. Serás una mejor mamá el mes que viene de lo que lo fuiste este mes, y dentro de cinco años a partir de ahora serás mejor aún. Dentro de dos décadas aterrorizarás a alguna mamá nueva al contarle las cosas bárbaras que hacías cuando tus hijos aún eran pequeños. Mientras tanto, espero que trabajes para mejorar en todas las áreas de tu vida, incluida la educación de los hijos, pero te prometo que ahora no te sirve de nada castigarte.

Es posible perseguir algo para ti misma a la vez que simultáneamente estás bien presente para las personas que amas. Es posible ser una gran mamá y una gran emprendedora. Es posible ser una esposa asombrosa y seguir queriendo reunirte regularmente con tus amigas. Es posible hacer esto y aquello. Es posible decidir que vas a centrarte en quién eres tú y lo que más te importa, y permitir que las opiniones de otras personas caigan en el olvido. No aceptes el bombo publicitario, la presión o la culpabilidad de que tienes que ser una cosa o la otra. Quizá eso sea cierto para otras personas, quizá sea su opinión, pero solamente tú eres quien decide lo que es cierto para ti.

EXCUSA 6:

LE TENGO TERROR AL FRACASO

Ochocientas cincuenta mil personas me vieron fracasar.

Vamos a comenzar desde aquí, porque sé que para muchas de ustedes la idea de no estar a la altura delante incluso de un grupo pequeño de testigos es aterradora. Ochocientas. Cincuenta. Mil. Me vieron establecer una meta, hablar públicamente de lo mucho que quería hacerlo, y después observaron el resultado cuando eso no sucedió.

Se desarrolló del modo siguiente.

Como la mayoría de los autores estadounidenses vigorosos, yo había soñado por mucho tiempo con escribir un éxito de ventas del *New York Times*. Para las que no estén familiarizadas con esta distinción mítica, lograr entrar en esta lista es básicamente el unicornio del mundo editorial. Creo que hubo una época en que todo dependía de las ventas de libros, pero en algún lugar en el camino el asunto se volvió más nebuloso. Parece que nadie, excepto las personas que trabajan allí, puede decirte exactamente cómo entrar en la lista. Tiene que ver con las ventas, la prensa, la agitación y, supongo, alguna forma de sacrificio ritual.

Mi último libro, *Amiga, lávate esa cara*, fue el sexto en salir al mundo, y sabía que el mismo tendría la mejor oportunidad de conseguir integrar la lista. Vale la pena decir muy rápido que entendía plenamente que una lista arbitraria no determina la valía de mi libro, o mi propia valía. En realidad, para algunas personas este podría ser un objetivo ridículo al que apuntar. Después de todo, se trata del trabajo, se trata de las mujeres a quienes les gustó, se trata desde un principio del regalo de tener lo que has escrito en forma de libro. Sin embargo, todas tenemos sueños que albergamos muy dentro de nuestros corazones. Todas tenemos esperanzas que realmente solo tienen sentido para nosotras. Llegar a convertirme en una autora exitosa según el *New York Times* era el mío. Había sido mi deseo de cumpleaños durante los últimos quince años. Es lo que estaba en mi cabeza cuando miraba a una estrella o soplaba al viento semillas de diente de león. Si me forzaran a ofrecer una justificación, supongo que era porque me haría sentir validada. Mi entrada al mundo editorial no fue exactamente fácil, y aunque mi base de seguidoras ha aumentado con cada publicación subsiguiente, supongo que hay una parte de mí a quien le encantaría el reconocimiento. Como: *Oye, la comunidad editorial lamenta el complejo que te produjo cuando te dijo que nadie compraría jamás tu libro. ¡Realmente eres una escritora respetable!*

Por lo tanto, de todos modos, había soñado con eso durante años, pero nunca lo admitía ante nadie, ya que no quería que nadie lo supiera para que así no me juzgaran por no haberlo logrado. Sin embargo, esta vez decidí incluir a todo el mundo en el sueño. Decidí hablarle a mi audiencia en la Internet (en ese momento eran 850.000 mujeres en todo el mundo) acerca de esa esperanza que había tenido por tanto tiempo. Pensé que si se hacía realidad, entonces ellas compartirían la victoria. Después de todo, ellas son quienes me apoyan. Y si no sucedía, bueno, sin duda sería una lección para todas.

No obstante, como figura pública, nunca eres tú la que manda. Si mantienes guardados tus sueños y esperanzas dentro de tu mente o dentro de un pequeño círculo de personas de confianza, entonces nadie quedará decepcionado por tus fracasos, porque nadie sabía en un principio cuál era la meta. Esta táctica significa también que el público puede quedar sorprendido y agradado por cualquier éxito que tengas. Ellos nunca saben en qué estás trabajando, de modo que cualquier logro parece una pequeña y alegre coincidencia, el destino que vuelve a sonreírte.

El problema para mí con ese modo de pensar es que me resulta hipócrita. Me resulta falso. Aquí estoy diciéndote que seas valiente y hagas grandes cosas y te atrevas a apuntar a algo grandioso. Aquí estoy diciéndote que el fracaso no importa y que las opiniones de otras personas no son asunto tuyo, ¿y entonces simultáneamente voy a mantener todas mis grandes esperanzas guardadas en mi corazón? Eso me parece hipócrita.

Me esfuerzo por hablarles de todo lo que estoy experimentando (o he experimentado), porque no creo que fingir nos sirva de nada a ninguna. Por lo tanto, con *Amiga, lávate esa cara* hice lo que un autor nunca debe hacer. Fui yo la que mandaba. Cuatro meses antes de la publicación del libro le dije a todo el mundo (y con «todo el mundo» me refiero a ustedes que me siguen en las redes sociales) que siempre he soñado con ser una autora exitosa según el *New York Times*. Ese era mi sexto libro y llevaba años soñando con eso, de modo que hablé al respecto, y mucho. El asunto se convirtió en un grito de guerra por las mujeres en todo el mundo. No solo era mi sueño, sino que también muchas mujeres se entusiasmaron por mí. Ellas soñaron mi sueño juntamente conmigo.

Entonces llegó el día fatídico. Era el día de San Valentín, exactamente una semana después de la publicación del libro, y desgraciadamente para él, también era el cumpleaños de mi esposo. Aquella tarde descubrí que mi deseo no se había cumplido. *Amiga, lávate esa cara* no entró en la lista de éxitos de ventas del *New York Times*.

Me sentí muy triste, y sinceramente me sentí también avergonzada. Tuve la sensación de que le había pedido a mi tribu que creyera algo que después yo no pude darles. Fue aplastante. Lloré como una niña, y pasé algunos días triste y decaída; pero llegué a una conclusión con bastante rapidez. Incluso con toda la tristeza y la vergüenza, no iba a dejar a un lado mi meta. Participo en las redes sociales cada día y les digo a otras mujeres que persigan sus sueños. Me despierto y hago emisiones en directo, y les digo que sus metas son importantes y que vale la pena perseguirlas. Escribo una y otra vez que el fracaso es una parte de la vida. Fracasar significa que estás viviendo. Fracasar significa que lo estás intentando. Por lo tanto, ¿qué tipo de amiga sería yo si no practicara eso en mi propia vida?

Yo había llevado la voz cantante, había expresado mi gran sueño, loco y audaz. Les había dicho a 850.000 personas que apuntaba a algo, y todas ellas me habían visto fracasar. Sin embargo, aquí está lo cierto. Si apuntas a lo que puedes alcanzar, probablemente llegarás allí cada vez; nunca más alto, nunca más grande, nunca mejor. Pero si apuntas muy por encima de tu propia cabeza, incluso cuando fracases volarás mucho más alto de lo que puedas imaginar.

Yo prefiero volar. Prefiero soñar. Prefiero caer de bruces una y otra vez. Seguiré diciéndote a lo que apunto, porque espero que si me ves fracasar públicamente y volver a levantarme una y otra vez para seguir adelante, entonces pensarás con respecto a ti misma: *Y si...*

¿Y si te apuntas para correr un maratón?
¿Y si regresas a la escuela?

¿Y si abres esa panadería?

¿Y si dejas tu empleo?

¿Y si tomas clases de hip-hop?

¿Y si entras en el ministerio?

¿Y si escribes un libro?

¿Y si comienzas un podcast?

Tú tienes sueños. Sé que los tienes, y también sé que muchas mujeres se detienen porque sienten miedo a que otros las vean tropezar. ¡Deja que te observen! ¡Deja que vean lo que es la persistencia! ¡Deja que vean los errores! ¡Deja que vean los tropiezos! Deja que te vean sacudirte el polvo una y otra vez y seguir adelante.

¿Sabes cuántas veces he fracasado al ir construyendo mi negocio y perseguir mis sueños durante los últimos catorce años? Estoy segura de que la mayoría no lo recordará, pero yo nunca olvidaré cada lección que aprendí a lo largo del camino.

¿Qué se necesita para volver a levantarte cuando te han derribado? Como emprendedora, he sido derribada (o he tropezado con mi propia torpeza) una y otra vez. Cuando era más joven, me imaginaba que en algún momento obtendría la experiencia suficiente para evitar por completo el fracaso. ¡Bendito sea mi pequeño corazón de niña empresaria! Este nivel de éxito solo hace que mis fracasos sean mucho más públicos y mucho mayores en escala.

¿Recuerdas aquella vez que lancé The Chic Site en Italia?

¿Recuerdas aquella vez que un empleado me robó dinero y yo no tenía ni idea?

¿Recuerdas cuando decidí ser florista y también organizadora de bodas?

¿Recuerdas que también añadí cestas de regalos de lujo?

Nadie quería las flores o las cestas de regalos, en caso de que te lo estés preguntando.

Mi lista de fracasos es muy larga. Soy totalmente consciente de cuánto tiempo y dinero me costó a lo largo del camino. Sin embargo, esto es lo fundamental: cada uno de esos errores me ha enseñado algo para asegurarme de que no vuelvan a suceder. Saber que algo grande puede sacarse de entre las cenizas significa que no me flagelo a mí misma cuando las cosas no me van bien. Significa que me levanto más rápidamente y más determinada que nunca. Un error del que aprendes es la manera en que desarrollas mejores prácticas. Se trata solamente de un verdadero error cuando tienes tanto miedo a mirarlo, que no puedes avanzar. Si no puedes avanzar, nunca jamás lograrás cruzar la línea de meta.

Diez semanas después de que saliera el libro, sucedió lo imposible... o quizá no imposible, pero increíble para mí. *Amiga, lávate la cara* se convirtió en un éxito de ventas del *New York Times*. Puedo decirte que cuando la editora llamó para comunicármelo, literalmente caí de rodillas. Estaba anonadada. Llamé a Dave al trabajo. Hice que su asistente lo hiciera salir de una reunión.

«Entré en la lista», susurré cuando él me devolvió la llamada.

Sus gritos y vítores rompieron cualquier muro de contención que yo había levantado cuando me enteré. Lloré como una niña. Aquella noche fuimos a casa y nos bebimos una botella que habíamos estado guardando durante una década. Diez años antes alguien nos había regalado una botella muy cara de Dom Pérignon. La botella era tan bonita que sentía que debíamos reservarla para algo especial. En su momento, pensé en el sueño más grande y más elevado que podía imaginar y etiqueté esa botella con mi meta: «Éxito de ventas del *New York Times*», escribí y lo pegué al cuello de la botella con cinta adhesiva.

Durante diez años estuvo en nuestro refrigerador. Se mudó desde nuestra primera casa pequeña hasta la siguiente que necesitaba reparación y luego a la vivienda donde escribí todos mis libros.

La botella estaba cubierta de polvo y había quedado relegada a la parte de atrás de los gabinetes, pasando media década en el cajón de las verduras de nuestro refrigerador para cervezas. Y aquí está la locura: yo etiqueté esa botella antes de haber escrito ni una sola página de un libro. Etiqueté esa botella media década antes de que fuera publicado mi primer libro. Había soñado con ser una escritora exitosa desde que tenía once años. Me había imaginado cómo sería celebrarlo abriendo esa botella que tenía una década. Aquella noche, tras diez años de espera, nos bebimos ese champán, y fue más dulce debido a los diez años que transcurrieron. Fue mucho mejor porque yo había «fracasado» una y otra vez en la búsqueda de esa meta, y si no hubiera estado dispuesta a salir ahí afuera, si no hubiera estado dispuesta a dejar que el público me viera fracasar de cien maneras diferentes a lo largo de los años que condujeron hasta ese momento, nunca lo habría logrado.

Estoy muy agradecida por haber fracasado. Estoy muy agradecida por haber necesitado catorce años de errores para llegar a este lugar donde me encuentro en mi carrera profesional. Estoy muy agradecida de que cada libro que he escrito haya resultado un poco mejor que el anterior, aunque ninguno de ellos ha sido un éxito de la noche a la mañana. Mi carrera como escritora, muy parecida a mi carrera como emprendedora, va rodando hacia abajo como una bola de nieve. Es solo recientemente cuando la bola ha cobrado la velocidad suficiente para hacer temblar el terreno.

Estoy agradecida por los pequeños espacios que he habitado; me enseñaron a crecer.

Estoy agradecida por cada tropiezo a lo largo del camino; me enseñaron a correr.

Estoy agradecida por cada momento de inseguridad; me impulsaron hacia toda una vida de confianza ganada mediante la práctica y el estudio.

Si algo de eso hubiera sucedido rápidamente o con facilidad, podría haber relacionado los logros con la suerte o una capacidad innata. Batallar entre dificultades para llegar hasta aquí significa que tengo la certeza absoluta de esta verdad: puedo lograr cualquier cosa si estoy dispuesta a trabajar por ello. No porque tenga talentos especiales, sino porque estoy especialmente dedicada a mejorar a lo largo del camino.

Amiga, no le tengas terror al fracaso. Ten miedo a no lograr nunca nada porque tuviste demasiado temor a lo que otros pudieran pensar de ti por intentarlo.

EXCUSA 7:

YA SE HA HECHO ANTES

Esta es una de esas cosas que todas hacemos, ¿cierto? Miramos la vida de ella, o su trabajo, o su Instagram, y dejamos que su éxito nos convenza para no perseguir nada por nosotras mismas. Dejamos de escribir ese libro, abrir ese negocio, crear esa aplicación, o comenzar esa organización sin fines de lucro, porque otra persona ya lo ha hecho.

Ya se ha hecho antes.

Bueno, claro que se ha hecho. Pero, hermana, todo se ha hecho antes. Besar, tener citas, casarse, el delineador negro, los jeans blancos, el flequillo... sinceramente, ¿todo lo que parece interesante, o popular, o algo que podrías querer intentar? ¡Ya se ha hecho! Por lo tanto, ¿por qué sucede que no permitimos que eso nos desaliente en cualquier otro escenario excepto en el de perseguir algo grande?

Porque necesitamos una excusa.

Observa por favor que no titulé esta sección del libro «Obstáculos legítimos a rodear». La llamé «Excusas de las cuales deshacernos». El hecho de que alguien ya haya llevado a cabo lo que tú estás soñando no debería ser un obstáculo; debería ser una señal de que estás tras algo importante.

Vaya, mira a Suzy haciendo ya tapetes de arco iris en Etsy; eso solo demuestra que es satisfactorio y divertido hacer y vender manualidades en la Internet.

¿Qué es eso? ¿A tu prima Emily ya le está yendo bien en esa empresa de joyería de venta directa? ¡Ah, supongo que eso significa que es realmente un lugar asombroso para construir una comunidad y tener un ingreso complementario!

Sin embargo, en lugar de ver el éxito o la creatividad de otras personas como algo bueno, como una señal de que perseguir algo más para tu vida tiene valor, decides que es una competición y prefieres no intentarlo por si acaso no eres tan buena como es esa otra persona. Sin duda, se trata en parte de sentir que no eres suficiente, pero también del juego poco sano de las comparaciones.

Uno de los mensajes que recibo todo el tiempo de las mujeres es: «Me encantó tu libro y me gustaría ser escritora, pero yo nunca podría escribir como lo haces tú». O tal vez: «Siempre he querido hablar en público, pero no se me da también como a ti».

¡Amigas, dejen de comparar su principio con mi mitad! O con la de cualquier otra persona, si vamos al caso. Lo que estás leyendo ahora es mi octavo libro, y no estoy diciendo que sea material para un Pulitzer, pero está a años luz de distancia del primero que escribí en términos de habilidad. ¿Has mirado alguna vez mi canal de Instagram y pensaste que era bonito? Retrocede un par de años, solo por diversión, y mira cómo era cuando aún estaba descubriendo mi estilo personal o intentando no parecer un robot en las fotografías. Mira también el blog; algunas de esas publicaciones originales eran difíciles. ¿Crees que soy una buena oradora pública? Por favor, dale un vistazo a mis vídeos viejos en YouTube donde estoy hablando a grupos de madres de preescolares y en la residencia de ancianos local (¡no estoy bromeando!). Mantengo intencionalmente el contenido tan antiguo en mis fuentes y mi página web porque, si alguna vez caes por una madriguera en la Internet alguna noche y encuentras alguno de mis trabajos originales, quiero que veas el progreso. Yo *no me desperté* siendo como soy ahora. ¿Y esa persona con la que te estás comparando? Tampoco. No lo intentas porque crees que ya se ha hecho. Bueno, desde luego que se ha hecho; pero no lo has hecho tú.

Hay un gran proverbio chino que dice: «El mejor momento para plantar un árbol fue hace veinte años atrás. El segundo mejor momento es ahora». Puedes seguir convenciéndote a ti misma para no hacer eso que esperas, o puedes decidir que tu sueño es más poderoso que tu excusa.

No es una cuestión de si eres capaz de hacer algo bien o no, porque casi todo puede aprenderse; es una cuestión de si eres lo bastante humilde para perseverar todo el tiempo que sea necesario a fin de mejorar. La habilidad de escribir bien, hablar bien en público, hacer buenas fotografías, danzar o cualquier otra cosa... todo eso se aprende y mejora con el tiempo. Sin embargo, nunca jamás vas a llegar al lugar donde eres buena o mejor, o lo máximo, si ni siquiera pones tus pies en la línea de salida. No sabemos si puedes hablar en público como yo, escribir como Brené Brown o tomar fotografías como Jenna Kutcher. ¡Amiga, no podemos determinar cuándo cruzarás la línea de meta, porque ni siquiera te has permitido presentarte a la carrera!

Te estás convenciendo a ti misma de algo que ni siquiera has intentado, porque crees que no puedes estar a la altura de lo que ha hecho alguna otra persona. No obstante, esta excusa en particular no se trata de tu habilidad. Esta excusa se trata de tu temor. Hay todo tipo de maneras distintas en que se manifiesta este tipo de temor, de modo que siéntete libre, por favor, para identificarte con la que mejor te describa, y permíteme lanzar algunas bombas de verdad en este momento.

Crees que fracasarás porque... no lo has hecho nunca. Deja que te libere de este temor ahora mismo. Vas a fracasar. Todos los principiantes lo hacen. Porque si fueras secretamente un prodigio en busca de los sueños de tu corazón, algún maestro paciente y a la vez dedicado lo habría visto en ti hace mucho tiempo. Todos vimos *Mentes peligrosas*. Si Michelle Pfeiffer no vio potencial en ti a estas alturas, no vas a ser perfecta al salir por la puerta. ¡Vaya! Ahora hay cero presión para llegar a ser perfecta, de modo que puedes divertirte y mejorar. Tu potencial para la mejora es exponencial.

Crees que fracasarás debido a que... fracasas en todo, de modo que, ¿por qué iba a ser diferente ahora? ¡Madre mía! ¿Es así como te hablas a ti misma? ¿De verdad? Número uno, ¡derriba esas palabras! Tú eres hermosa y digna de cosas buenas, y si no crees eso, nadie lo creerá. Número dos, ve y consigue mi último libro, y lee sobre esas mentiras que te están haciendo daño. Este tipo de creencia es aplastante y falsa. Tienes que comenzar con el modo en que te hablas a ti misma y las cosas que crees que mereces antes de intentar alcanzar una nueva meta. Aprende antes a amarte a ti misma bien y date el mérito a ti misma; después apunta hacia más.

Crees que fracasarás... y al menos si nunca lo intentas, nadie, especialmente tú misma, podrá confirmar eso. Información anticipada: este tipo de pensamiento no proviene de una fracasada que no es buena en nada. Este tipo de pensamiento proviene de una perfeccionista. Y verdaderamente, es débil. Hay mucho potencial increíble en tu interior, pero vas a desperdiciarlo porque intentarlo puede o no confirmar que no eres tan buena como pensabas que eras. ¡Deja de ser tan dura contigo misma! Es algo igual a esa vez en *Salvados por la campana* cuando Jessie sucumbió a las presiones de las tareas escolares y estar en su banda, Hot Sundae. Spano era una perfeccionista, pero en lugar de admitir que resultaba demasiado estar a la altura de todo eso o reconocer su fracaso, se hizo adicta a las drogas y tuvo ese derrumbe ahora infame de una canción de Ponter Sisters. No seas Jessie Spano. Si intentas perseguir tu meta, probablemente fracasarás durante un momento (ver el párrafo sobre fracasar como principiantes), pero no te quedarás así mucho tiempo. Trabajarás a fin de mejorar, y ni siquiera necesitarás pastillas de cafeína para hacerlo.

Mira, esta es la ironía sobre esta excusa en particular: incluso si te obligas a confrontarla, seguirás encontrándote con ella durante el resto de tu vida. Cuando estamos al principio en el camino hacia el crecimiento personal o en el camino hacia alcanzar una meta, con frecuencia tenemos expectativas poco realistas de lo que sucederá cuando «lleguemos allí». Tales como pensar que si tienes la valentía para hacer algo, entonces serás invencible ante la inseguridad y la indecisión para el resto de tu vida. La realidad es que cada montaña nueva que intentes escalar probablemente habrá sido transitada por alguien antes que tú.

Cada. Montaña. Nueva.

Eso significa que cuando alcanzas esta gran meta que tienes delante, cuando llegas a la cumbre (realmente sigo con esta analogía, muchachas), verás en la distancia otra cadena montañosa. De hecho, te darás cuenta de que tu montaña en realidad era solamente la ladera de algo más grande y mejor. Las metas personales son infinitas... y adictivas. Cuando alcanzas una, eso te hace comenzar a preguntarte de qué más podrías ser capaz.

¿La respuesta? Cualquier cosa que te propongas.

Sin embargo, antes tienes que vencer esta batalla de las comparaciones. Porque, amiga, si no puedes vencer tu temor a no hacerlo tan bien como lo hacen otros, nunca tendrás la oportunidad de ser una pionera para otra persona.

———

Al trabajar editando este libro, estoy en el proceso de crear algo que muchas, muchas personas han hecho antes que yo. También tengo exactamente cero calificaciones para emprender algo tan grande. Aproximadamente dentro de un mes a partir de ahora se mostrará en los salones de cine por toda Norteamérica un documental que hicimos sobre mi conferencia de mujeres. ¿Quién, por todos los cielos, me creo que soy? Bueno, te diré lo que no soy. No soy una cineasta ni alguien que está dentro de la industria del cine, y cuando comenzamos este proyecto no tenía ni idea de cómo lo sacaríamos adelante. Es lo más grande que hemos intentado hacer jamás, y vivirá en un espacio —en eventos de cine y más adelante en servicios de señal en directo— que está increíblemente sobresaturado. No solo eso, sino que tal vez también hay personas que son expertas en este campo y algunas veces incluso fracasan, por lo tanto, ¿qué me hace pensar que nosotros tenemos una oportunidad? Bueno, francamente, que el proyecto sea exitoso no fue lo que me impulsó a hacerlo. De hecho, creo que si me hubiera enfocado en si recaudaría dinero o no, habría comenzado a obsesionarme por todas las maneras en que no estaba calificada para emprenderlo. Realmente lo que me motivó a intentarlo y trabajar en algo que está tan fuera de mi campo fue, bueno, ustedes.

Cuando estábamos planeando nuestra conferencia el año pasado, recibí miles de correos electrónicos y mensajes directos de mujeres diciendo lo mucho que querían asistir a Rise y cuánto significaría para sus corazones tener una oportunidad de estar entre nuestra audiencia. El problema no era su deseo de asistir; el problema era sus finanzas. Es caro asistir a una conferencia debido al viaje, los hoteles y el precio de los boletos necesario para cubrir el costo de rentar un espacio tan grande. Muchas mujeres no contaban con este dinero en sus presupuestos, y yo me quedé con eso en el corazón. Durante casi una década he estado creando contenido y distribuyéndolo gratuitamente, y la idea de que alguien no pudiera tener acceso a algo en lo que creo con tanta pasión, en realidad me hería el corazón. Me pasé meses intentando pensar en una manera de llevar a las mujeres a la conferencia y mostrarles el poder de apuntar al crecimiento personal a un precio que ellas pudieran permitirse. Entonces, un día en una conferencia telefónica, escuché sobre evento cinema, que es un término bonito para designar el acto de llevar un evento en directo (como el ballet o un concierto de Justin Bieber) a los cines durante un tiempo limitado. *Vaya*, pensé. *¡Si los Bieber pueden hacer esto, estoy bastante segura de que yo puedo lograrlo!* Me planteé a mí misma una pregunta *y si...*

¿Y si hiciéramos un documental sobre el fin de semana de Rise?

¿Y si pudiera encontrar a alguien que colaborara con nosotros para ayudarnos a llevarlo a los cines?

¿Y si pudiera darles a la tribu la oportunidad de crear una noche de chicas en su propia comunidad?

Espero que puedas entender cuán loca era esta idea. No sabíamos cómo hacer un documental, o cómo llevarlo a los cines, o los cientos de pasos literales que hay entre una cosa y la otra. Experimentábamos el peor tipo de torpeza; no sabíamos lo que no sabíamos. Sin embargo, no pasé ningún momento atormentándome por nuestra falta de conocimiento y, sinceramente, no se me ocurrió preocuparme por quién lo había hecho mejor o cómo podría ser recibido. No estaba enfocada fuera de mí misma; estaba enfocada en mi *porqué*. Mi porqué era poderoso; mi porqué me hacía sentir la pasión suficiente para pensar en mi *cómo*.

Si te encuentras preocupada por la idea de que otra persona ya lo ha hecho, necesitas cambiar el guión acerca de si eso es algo malo o no. Si alguien más lo ha hecho ya, puedes investigar, modelar la conducta y probar tus propias teorías utilizando su mapa de ruta como cierto tipo de manual. Puedes combinar su *cómo* con tu *porqué* para crear algo épico.

¿QUÉ PENSARÁN?

Comencé a practicar boxeo.

Y solo para que todas lo tengamos claro, no me refiero al boxeo en un gimnasio. No tiene nada de malo practicar boxeo en tu gimnasio local. Solo quiero dejar clara la distinción entre los movimientos estilo boxeo para hacer cardio en tu lugar usual de ejercicio, e ir a un gimnasio de boxeo real que está sucio, huele mal, y tiene puesto Metallica a todo volumen como si fuera un requisito para el deporte. Hasta ahora solo he asistido a unas pocas sesiones, así que todo lo que sé es que se requiere para el deporte en verdad. Mi punto es que estoy recibiendo entrenamiento genuino de alguien cuyo empleo es enseñar a luchadores de verdad cómo lanzar un puñetazo.

El gimnasio al que voy para este entrenamiento no es bonito ni en imaginación. El entrenamiento es agotador, y con frecuencia tengo la sensación de que voy a morir o a vomitar sobre el cuadrilátero el batido del desayuno. No encajo. Imagina una sala sucia llena de minotauros y después a mí, un cuerpo de cinco pies y dos pulgadas (1,58 metros) con mis largas, muy largas extensiones y mis pestañas postizas demasiado dramáticas. Ahí estoy yo, con treinta y cinco años y madre de cuatro hijos, intentando al máximo zafarme de los golpes no vaya a ser que mi entrenador me derribe. No se me da excepcionalmente bien, aunque a decir verdad nunca he visto ningún tipo de combate de boxeo y por eso no estoy totalmente segura de cuál se supone que es la meta final. Entonces, ¿por qué lo hago? ¿Por qué sigo acudiendo allí para intentar algo entre personas que están mucho más adelante que yo en el camino? ¿Por qué me quedo en un sitio donde no encajo y sigo intentando aprender algo que no se me da particularmente bien, todo mientras otros observan, juzgan, y sacan sus propias conclusiones?

Porque me hace feliz.

Me gusta lanzar puñetazos y hacer ejercicio al ritmo de Jay-Z, y voltear mi gorra hacia atrás como una verdadera machona. Me encanta el boxeo, y me encanta forzarme a mí misma a probar algo nuevo. Aquí está la sorpresa: no me importa lo que alguien pueda pensar de eso.

Sin embargo, quizá leas estas palabras y pienses: *¡Muy bien, estupendo! Te sientes cómoda en tu cuadrilátero de boxeo. ¡No sé cómo se supone que eso va a ayudarme a encontrar la valentía para comenzar un negocio como fotógrafa de bodas!* Bueno, ¿qué te parece esto? Hay dos tipos de personas en el mundo. Las personas no críticas, que nunca van a pensar mal de ti por nada independientemente del resultado, y las personas críticas, que son unas idiotas. Estos idiotas probablemente buscan solucionar sus propios problemas y oraremos por ellos, pero al final, ¡las personas críticas van a juzgarte *a pesar de todo*! Así que si de todos modos van a juzgarte, entonces bien puedes intentar lo que quieras. Puedes vivir tu propia vida. Puedes ser fiel a quien tú eres y lo que valoras, y no pensar en cómo será recibido.

Los lunes, mis hijos tienen kárate. Otros días hay entrenamiento de béisbol y clase de piano, y después otra vez clase de kárate. Podríamos tener una audición para la obra musical de la escuela. Podríamos tener una cena para apoyar a la Asociación de Padres y

Maestros. Podríamos tener citas para juegos, o citas con el dentista, o simplemente necesitamos hacer el viaje (por millonésima vez) para que todos se hagan un corte de cabello. Hay muchas cosas en las que estar al día cuando se tienen cuatro hijos, y yo no siempre las recuerdo por mucho que lo intente. Ayer me llamaron de la escuela para decirme que Ford es el último niño (de todos los que entran en el kínder) que falta por entregar sus documentos.

¡Amigas, yo ni siquiera sabía de qué documentos me estaban hablando!

Lo cual me lleva de nuevo al entrenamiento de kárate. La clase de kárate es de dos horas (sin incluir el tiempo de viaje), en las cuales el más pequeño y después mis dos muchachos grandes van avanzando hasta el siguiente color de cinturón. Resulta que esas dos horas son durante una tarde entre semana en la que yo técnicamente debería estar trabajando, pero quiero que los muchachos tengan la oportunidad de hacer algo genial y no se vean impedidos por mi calendario, lo cual es algo que sucede con frecuencia. Por lo tanto, si puedo hacer que funcione, termino temprano y los llevo al entrenamiento. Entonces me siento en la alfombra azul entre botellas de agua y sandalias, y en cierto momento abro mi computadora portátil y comienzo a trabajar en correos electrónicos o cambios en el libro que debo entregar el viernes, o en el calendario para uno de nuestros eventos en directo.

E inevitablemente comienzo a recibir las miradas de los otros padres y madres.

Ahora bien, quizá estoy siendo presuntuosa. Quizá esas miradas en realidad se producen porque les gusta el estuche de mi computadora, o piensan que mi cabello luce especialmente bien con el peinado que llevo. No obstante, si tuviera que adivinar, diría que sus miradas son más por el hecho de que estoy trabajando cuando debería estar dedicada por completo a ver a mis hijos dominar su golpe directo. Cierta parte insegura de mí —la que solía preocuparse bastante por lo que otras madres pensaran de mi estilo de educar a mis hijos— piensa en dejar a un lado la computadora. Pero entonces aquí viene la compensación, o quizá el *beneficio* es una palabra más adecuada.

Muchas mamás trabajadoras desearían poder acudir al entrenamiento, incluso si eso significara estar creando una hoja de cálculo en Excel mientras sus hijos dan golpes de kárate al aire con la banda sonora de Pokémon. ¡Qué regalo que yo pueda experimentar eso! Así que no dejo a un lado la computadora. Me recuerdo a mí misma que esto es parte del trato, que estos hijos míos siempre sabrán cómo es el trabajo duro y la dedicación. Me recuerdo a mí misma que algún día, cuando ellos sean hombres adultos, nunca se les ocurrirá pensar que una mujer no puede comenzar, construir y dirigir una empresa exitosa, porque eso siempre fue parte de su realidad.

Dios mediante, yo soy la única mamá a la que mis hijos conocerán, y sinceramente no conozco ninguna otra manera de que todo esto funcione —para todos nosotros— sin trabajar en modo multitarea algunas veces. Así que me niego a enseñarles que deberíamos perseguir nuestros sueños, pero simultáneamente avergonzarnos de ellos. Si no quiero eso para mis hijos cuando sean adultos, tengo que modelar esa conducta delante de ellos ahora. No puedo preocuparme por lo que otras mamás en la clase pensarán de mí, y tú no puedes preocuparte por lo que las otras mamás, o tu familia política, o la asociación de padres, piensen de ti. Lo único que puedes hacer como mamá trabajadora es intentar dar lo mejor de ti. Lo único que puedes hacer como recién graduada universitaria es dar lo mejor de ti. Lo único que puedes hacer como divorciada con cincuenta y tantos años es dar lo mejor de ti. Lo único que puedes hacer en cualquier etapa y periodo de la vida es dar lo mejor de ti, y a veces la opinión de otra persona sobre lo que haces o cómo lo haces... no es asunto tuyo.

Tú sabes esto, amiga. ¡Sé que lo sabes! Entonces, ¿por qué tus sueños siguen aún ocultos en tu corazón en lugar de adoptar forma en tus manos? No es el temor al fracaso lo que te mantiene en ese lugar; es temor a lo que otras personas pensarán de tu fracaso.

OOP: opinión de otras personas. ¿Te retiene? Porque si ese es el caso, estás entregando todo tu poder.

¿La opinión de otras mamás en la escuela? ¿La opinión de los Hulk en mi gimnasio de boxeo? ¿La opinión de los desconocidos en la Internet, o de mis padres, o incluso de mis seguidoras? En el mismo momento en que comienzo a darle un peso desproporcionado a cualquiera de ellas, mis prioridades quedan descolocadas. Cuando las expectativas de otras personas comienzan a dictar tus acciones, estás perdida. Tu esperanza, tus sueños, tu sentimiento de ti misma... todo se pierde.

¿Quieres hacer grandes progresos para ti misma y tus metas este año? Deja de interesarte por lo que «ellos» piensen de ti. Deja de darles poder a las opiniones de alguna otra persona.

Inevitablemente, cuando digo algo como esto la pregunta que surge es sobre la responsabilidad y si podemos o no mantener verdaderamente nuestra integridad si no tenemos ningún tipo de consejeros. En primer lugar, tú sabes lo que está bien y lo que está mal. Tú sabes lo que es cierto. En lo profundo de tu ser sabes cómo la mejor versión de ti misma viviría este día, esta vida que te han dado. Puede que no siempre llegues a ese punto, pero sabes para qué te estás esforzando. Por lo tanto, no subestimes eso.

En segundo lugar, si eres verdaderamente bendecida, tendrás personas en tu vida que sean confidentes y buenos amigos. Su sabiduría será tu consejo, y puedes buscarlos cuando los necesites. Pero, y este es el lugar donde las personas tropiezan, existe una gran diferencia entre querer la opinión de alguien y necesitar su aprobación. Esto último normalmente llega disfrazado de lo primero. Pedimos otra opinión porque nos sentimos inseguras con respecto a algo, y con frecuencia si podemos encontrar a alguien que esté de acuerdo, de algún modo justificamos la idea como buena o mala.

Ayer yo misma cometí este error con mi esposo. Él es mi mejor amigo y consejero, y aun así tuve que separar su opinión de lo que yo quería realmente. Tengo una idea para un libro nuevo. Un libro nuevo de ficción. No he escrito ficción desde que terminé mi serie Amigas, pero (como sucede con frecuencia cuando estás en medio de la escritura de un libro) comencé a soñar despierta con mi libro siguiente. Esto sucede en parte porque te encuentras en un estado mental creativo y principalmente porque escribir libros (sin importar cuántos) es muy difícil. Fantasear con haber terminado y trabajar en el siguiente es la zanahoria que te muestras a ti misma para seguir escribiendo. Por lo tanto, esta nueva novela, y es mi zanahoria, me emocionó lo suficiente para hablarle a Dave al respecto. Y al hacerlo, me abrí a mí misma a otras opiniones.

Su opinión era que la trama se parecía mucho a otra cosa y que también sonaba un poco enrevesada. Él lo dijo de la mejor manera, verdaderamente como una idea inofensiva que formaba parte de nuestra pequeña sesión de compartir ideas. El problema no es que Dave ofreciera su opinión; el problema es que yo comencé de inmediato a ajustar mis pensamientos sobre el libro. Comencé de inmediato a preguntarme si quizá él tenía razón y mi idea era equivocada y debía desecharla. No obstante, lo cierto es que... eso no importa.

No importa si Dave tiene razón. No importa si los expertos tienen razón. No es importante lo que otra persona crea o piense. La idea, el sueño, la meta es mía. En el segundo en el que comienzo a buscar a otras personas que lo validen, comienzo a perder impulso e ímpetu. Cuando estás en las primeras etapas de una idea o una meta es que te sientes más insegura, lo cual significa que puedes ser fácilmente afectada por lo que otras personas pudieran creer o pensar. Pueden convencerte fácilmente de desechar una idea que te habría encantado o de poner en práctica una idea que podrías lamentar cuando permites que las opiniones de otras personas influyan en tus planes.

Es como cuando le pides a alguien que haga una reseña o una crítica del primer borrador de tu manuscrito cuando estás solamente a la mitad del trabajo. Cuando le pido a alguien que lea un borrador no terminado es porque estoy buscando validación. Normalmente, se debe a que estoy batallando y pensando que soy una escritora terrible, y quiero que alguien cuya opinión admiro me diga que siga adelante. Lo cierto es que ninguna otra persona puede validarte lo suficiente para terminar un primer borrador. Nadie puede validarte lo suficiente para seguir adelante con el sueño que has bosquejado para ti misma. Incluso el entrenador más alentador del planeta no puede hacer que termines la carrera. Vas a tener que encontrar ese aliento tú misma para seguir adelante sola.

Sin embargo, ¿cuál es el daño entonces? Si al final lo terminas tú misma, ¿por qué importa si buscas o no a alguien más que valide tu idea en un principio? Porque, aunque otras personas no pueden ayudarte a terminar, sin ninguna duda pueden convencerte, incluso involuntariamente, de que no lo intentes.

Me gustaría poder chasquear mis dedos y lograr que ya no te sientas atrapada bajo el peso de las opiniones y expectativas de otras personas, pero sé que no es tan fácil. Es un hábito difícil de romper, pero no nos equivoquemos, es un hábito y una decisión. Podemos decidir no permitir ese peso en nuestra vida, pero como todas probablemente estamos operando bajo algunas opiniones negativas, también necesitamos aprender a deshacernos de lo que ya está ahí. Y eso comienza con entender exactamente con qué tipo de opiniones estamos tratando.

Este es el asunto. Hay dos tipos de opiniones negativas: las fundamentadas y las habladurías. Que sea fundamentada significa que sabes con seguridad que la opinión negativa está ahí. Alguien te dice las cosas que no le gustan de ti, directamente en tu cara, como una canción de Drake. Quizá son familiares, tal vez sean amigas, o pueden ser completos desconocidos en la Internet. Estos tipos de opiniones fundamentadas se expresan de dos maneras posibles. Sigue conmigo este diagrama de flujo. Te prometo que llegaremos a alguna parte.

La primera presentación posible de una opinión negativa es ser considerada y amable. Te la da alguien a quien le importas y que se preocupa por una decisión que estás tomando. No obstante, incluso cuando el corazón de esa persona está en el lugar correcto, aquí hay muchos matices. ¿Se trata realmente de ti? ¿O está arraigada esa preocupación en la percepción que tiene esa persona de que lo que estás haciendo es equivocado? ¿Recuerdas nuestra conversación sobre las percepciones que tienen otras personas de lo que es vergonzoso? Por favor, consulta mi Diagrama de Flujo de OPP para cómo proceder aquí.

El otro modo en que posiblemente podrías escuchar la opinión negativa de alguien sobre ti es de manera hiriente. Esto ocurre cuando quien está ofreciendo la opinión, ya sea un familiar, amigo o desconocido, no llega con la intención de ofrecer una sugerencia constructiva, ayudarte a mejorar, o mostrarte verdadero interés. Su intención es burlarse de ti y menospreciarte en el mejor de los casos, o derribarte y hacerte daño en el peor. ¡En cualquiera de las dos situaciones, nadie tiene tiempo para eso! La conducta de esa persona no tiene lugar alguno en tu vida.

LA OPINIÓN DE OTRAS PERSONAS:

Diagrama

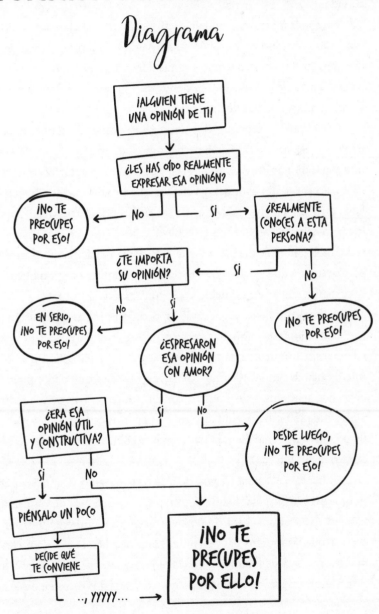

Permíteme repetirlo: esta conducta no tiene lugar alguno en tu vida.

No me importa si proviene de tu hermana, tu mamá o tu novio. Nadie se merece sufrir de abuso verbal y mental, y cada vez que permites que eso suceda, le estás danto permiso a esa persona para tratarte de ese modo. No tienes que aguantar eso solamente porque siempre lo has hecho antes.

Para resumir, tenemos dos tipos de opiniones fundamentadas negativas. La primera proviene del amor, de modo que vas a ser una persona adulta y considerarla, pero no la aceptarás como si fuera la verdad del evangelio a menos que sientas que es correcta. La segunda no tiene intención de ser útil, sino destructiva, y por lo tanto deberías rechazarla. ¡Recházala! No dejes que sea considerada, dialogada, absorbida, ni le des una sola partícula de oxígeno para ayudar a que ese fuego se extienda. Cualquier opinión que no se presenta con amor no debería ser considerada. Punto.

Lo cual me lleva al segundo tipo de opinión negativa sobre ti. Las habladurías. Aquellas cosas que son producto de tu imaginación (sin importar cuán probable sean), la negatividad que tú misma has decidido. Eleanor Roosevelt nos dijo que nadie puede hacernos sentir mal sin nuestro consentimiento. Yo voy a añadir algo a eso. Ten mucho cuidado con no permitir que tu propia mente te haga sentir mal cuando nadie más hizo nada realmente. ¿Qué quiero decir con eso?

Quizá estás *bastante segura* de que tu suegra no te aprueba. O tienes *casi la seguridad* de que el comentario sarcástico de tu prima Crystal en Facebook iba dirigido en dirección a ti. Tal vez sabes con certeza que las muchachas con quienes fuiste a la secundaria y a las que ahora conoces solamente en las redes sociales se burlarían de ti si te vieran intentando hacer algo nuevo. En todos estos ejemplos, ninguna de esas opiniones negativas está realmente fundamentada y, por lo tanto, solo te estás saboteando a ti misma.

Nadie ha dicho nada. Nadie ha hecho nada. Quizá tu nueva suegra sí te desaprueba, y tal vez tan solo extraña a su hijo y se siente ansiosa por saber cómo encajará ella en tu vida. Tal vez tu prima se dirigía a ti con este comentario, ¡pero tú y yo sabemos que Crystal es lo *peor*! Solía darte pellizcos... ¿y es la persona cuya opinión va a preocuparte?

La ironía es que, la mayoría de las veces, nadie en realidad está pensando en ti. A nadie en verdad le importa lo que tú hagas, y si les importara, no te juzgarán o se burlarán de ti a tus espaldas. No es que vayas por ahí con un grupo de ogros, ¿no?

Y si no les caes bien, no importa. No. Importa. Pero más que eso, suponer que alguien piensa lo peor de ti cuando no tienes evidencia real para respaldar eso no tiene que ver con ellos... tiene que ver contigo. Estás permitiendo que la opinión de ellos controle tu vida, ¡y ni siquiera sabes si tienen una opinión! Todo en tu propia mente. Tú lo estás imaginando y culpando a otras personas para así no tener que hacerte responsable de eso.

Lo cierto es que no importa lo que los demás piensen de ti; importa lo que *tú* pienses de ti misma. Por difícil que sea aceptarlo, la opinión de otra persona solo tiene poder si tú lo permites. Si das pasos activos y comienzas intencionalmente a vivir sin obsesionarte por lo que piensen otras personas, será la decisión más liberadora de tu vida.

EXCUSA 9:

LAS CHICAS BUENAS NO ALBOROTAN

Soy un alborotador, cariño.

—*JAY-Z*

¿No aborreces cuando un escritor comienza un capítulo con una cita? Como una fanática de los libros por mucho tiempo, he leído aproximadamente setenta mil novelas, y lo de las citas siempre me ha parecido un poco como exaltación personal. Como si el autor dijera: «¡Ah, solo lee esta elegante prosa de Tennyson y prepárate para un nivel parecido de talento!». Es incluso más molesto cuando la cita en cuestión no tiene que ver nada literalmente con el capítulo que estás leyendo.

No. Nada.

Y te encuentras preguntándote: ¿Es esto esotérico? ¿Se supone que tengo que entender la correlación entre una cita de Whitman y esta historia de amor de un dragón metamorfo? Te asombraría saber cuántos libros sobre vampiros que se enamoran de mamás solteras o sobre extraterrestres que se enamoran de bibliotecarias comienzan cada capítulo con una cita al azar.

Sí, yo leo novelas románticas horrendamente cursis. Deja de juzgarme.

El punto es que aborrezco que los capítulos comiencen con citas.

Sin embargo, este capítulo fue un extra en el último libro (¡un saludo a todos los que consiguieron la edición de Hustler!), y me gustó tanto y sentí que era un tema tan importante, que me surgió la idea de escribir *este libro*, así que vamos a comenzar con la letra más icónica que se me ocurre sobre ser alborotadora. Una letra de Jay-Z.

Un capítulo extra es como el reino de Equestria o una fiesta de cumpleaños de una Kardashian: aquí puede suceder *cualquier cosa*. ¡Por lo tanto, incluyo la letra de Jay-Z para mis amigas que están persiguiendo un sueño, que quieren algo más y no tienen miedo al trabajo duro y las metas audaces!

Hablemos de alboroto y energía.

He sido una persona sobresaliente por tanto tiempo como puedo recordar. Era una soñadora desde el principio. Me imaginaba escenarios elaborados de los que sería parte mi futuro yo adulto. Sabía cómo se vería mi mansión, podía prever las vacaciones que disfrutaría, al príncipe con el que me casaría y los caballos que tendría. Caballos, porque, bueno, tenía siete años y tener mi propio caballo era la fantasía suprema. Iba a llamarlo Calliope, y solo lo montaría llevando puestos los pantalones especiales color café que las muchachas ricas amazonas llevaban en las películas de Lifetime cerca del año 1991.

Los sueños de una niña pequeña no son nada único, pero quizá lo único *era* que yo sabía incluso entonces que podría lograr cualquier cosa si estaba dispuesta a trabajar por ello.

No recuerdo que nadie me dijera eso nunca. Quizá solo lo entendí por observación y ósmosis. Cuando uno se cría en un hogar que batalla económicamente, no te molesta hasta que eres expuesto a lo contrario. Entendí a muy tierna edad que había personas que no vivían de salario en salario, que no se gritaban el uno al otro por temas de dinero, que podían entrar en Target y comprar lo que quisieran.

Tenía once años cuando mis metas para mi futuro se consolidaron. Mis padres habían vuelto a separarse; sucedió tantas veces durante el curso de mi vida que, sinceramente, no puedo decirte qué número era esa vez. La diferencia en esa ocasión en particular fue que mi mamá decidió irse de casa e insistía en que yo me fuera con ella. Nadie me preguntó lo que yo quería ni me dio voz en el asunto. Simplemente anunciaron lo que estaba sucediendo. Mis tres hermanos mayores se quedaron con mi papá en nuestra casa familiar, y yo me mudé a un apartamento desagradable con mi mamá. Fue uno de los años más oscuros de mi niñez.

Raras veces tenía contacto con mis hermanos, y la presión financiera de unos padres que ahora dividían sus recursos para pagar dos lugares donde vivir significaba que teníamos incluso menos que antes. Tengo una fotografía de aquella época de la fiesta de mi undécimo cumpleaños con un puñado de amigas de la escuela en ese apartamento destartalado y ruinoso. Recuerdo haberme sentido avergonzada. Recuerdo que mi mamá cocinó el preparado para el pastel en una vieja Pyrex. Recuerdo que no podíamos permitirnos decoraciones. Recuerdo ser muy consciente de dos cosas. La primera: no quería el tipo de vida en el que me faltaban fondos para las ocasiones especiales. La segunda: no es muy convincente declarar tu independencia (de mi mamá, en este caso) si no tienes los medios suficientes para respaldarla.

Me prometí a mí misma *aquel día* que sería rica cuando me hiciera mayor. Fue mi deseo al soplar las velas de mi cumpleaños. Me puse de pie en aquella sala diminuta sobre una alfombra manchada, delante de la mesa de segunda mano, y me prometí a mí misma algo mejor. *Nunca viviré de esta manera cuando tenga la capacidad de evitarlo.* Fui vehemente en eso: algún día sería rica.

Se supone que no debo decir eso, ya lo sé. Las redes sociales están llenas de cientos de varones que son directores generales o emprendedores hechos a sí mismos, que promocionan el poder de la riqueza y la justificación para lograrla. No obstante, si eres mujer, se te frunce el ceño. Es descortés. No es algo que hacen las *chicas buenas.*

Las chicas buenas no hablan de dinero, y sin duda alguna no lo reclaman como una meta en la vida, sin importar sus razones para hacerlo.

¿Qué aprendí en la niñez? «Lo que hay es lo que hay, y no haces un berrinche».

Eso significaba que debía contentarme con lo que la vida me hubiera otorgado, y ser amable y agradecida por cualquier cosa que llegara a mi camino. Pero lo que llegaba a mi camino de niña y más adelante de adolescente era una existencia mayormente deplorable, y como yo era una niña, no podía hacer nada para cambiarlo. Sin embargo, después de aquella fiesta de cumpleaños supe que en el momento en que tuviera el control, nunca me vería obligada a volver a conformarme.

Existe una *gran* diferencia entre gratitud por tu vida y aceptación ciega de cualquier cosa que llegue a tu camino.

Yo quería más.

Quería más de lo que tenía al crecer. Quería más acceso. Quería más experiencias. Quería más conocimiento. Quería más retos. Quería más influencia. Quería ser capaz de ayudar a otros que estaban en situaciones financieras difíciles, porque sabía exactamente cómo se sentían esas personas; entendía incluso entonces que los recursos monetarios harían posible eso. Quería cosas muy grandes, extraordinarias. Cuando era niña, la gente pensaba que esto era adorable. Me daban golpecitos en la cabeza y me decían cuán preciosa era, pero cuando tenía veinte años aprendí rápidamente lo que era y no era aceptable para mi familia, mis amigos o mi esposo.

Cuando comencé mi propia empresa, todos saludaban mi valentía y arrojo, pero dos años después, cuando quedé embarazada de mi primer hijo, empezaron a preguntarme inmediatamente cuándo dejaría mi trabajo. Pensaban que el negocio era esa cosita que yo hacía para mantenerme ocupada hasta que comenzara mi verdadero llamado: ser una mamá que no trabaja fuera de casa (MNT: mamá no trabajadora).

Vale le pena que nos detengamos aquí para calificar esa afirmación. Creo sinceramente que no hay trabajo más difícil y más importante que ser una MNT. Tengo muchísimo respeto por mis amigas que son MNT, y ni por un solo segundo quiero dar otra impresión cuando te digo que eso sencillamente no es para mí. Después de mi esposo, mis hijos son mi mayor bendición. No obstante, les digo que si tuviera que quedarme en casa con ellos a tiempo completo, no estoy totalmente segura de que cualquiera de nosotros sobreviviría. No es mi don espiritual. No es mi especialidad.

¿Sabes cuál *es* mi especialidad? Construir un negocio exitoso, dirigir un equipo, escribir libros, dar discursos de apertura, tener éxito en las redes sociales, trazar estrategias, crear una marca, establecer relaciones públicas y planear eventos en directo donde mil mujeres llegan desde todas partes del mundo para ser inspiradas. Sin embargo, en aquella época, ninguna de estas cosas estaba demostrada. Yo era muy nueva aún en el negocio; solo tenía una idea en mi corazón y un fuego en mis entrañas. Estaba intentando pensar en cómo dirigir un negocio utilizando libros en la biblioteca y Google. Hacía cien mil preguntas a cualquiera que pudiera ofrecerme sabiduría.

Al principio fue un camino lento, pero, amigas, estaba *avanzando*. Conseguí mi primer cliente, y me partí la espalda trabajando. Traté a ese único cliente como si fuera la última oportunidad que yo tendría por siempre. No tenía dinero, no tenía mucha experiencia, pero *sí tenía* una ética de trabajo sin igual, y dejé que brillara. Conseguí el cliente siguiente por una recomendación de aquel primero. Organizaba eventos básicamente a cambio de nada para así ir construyendo mi portafolio. Aceptaba a cualquier cliente que pudiera encontrar.

Esencialmente, decía: ¿Tienes pulso y necesitas organizar una fiesta? ¿Sí? ¡Estoy en ello!

Por lo tanto, cuando quedé embarazada y tuve que explicarles mis decisiones una y otra vez a familiares bien intencionados, sinceramente me molestaba. Por primera vez en toda mi vida entendí que *otras personas* no estaban de acuerdo con la vida que yo había imaginado para mí misma. No les gustaba la idea de una mamá trabajadora, aunque la habían aceptado al principio cuando necesitábamos el dinero. Un par de años después, cuando el salario de Dave aumentó lo suficiente y estaba claro que yo no «tenía que trabajar», las personas pasivo-agresivas que tenía cerca comenzaron a verbalizar claramente su desagrado. Incluso si eres fuerte, incluso si estás comprometida con tu meta, es difícil no cuestionarte a ti misma o aceptar la culpabilidad cuando llega a ti desde todos los ángulos.

La desaprobación declarada no fue suficiente para hacerme cambiar de rumbo, pero sí dejé de adjudicarme mi rumbo como propio. No lo reconocí hasta años después, pero esas opiniones comenzaron a desgastarme. Yo era como un pedazo de cristal que es lanzado al océano. Las opiniones de otras personas se convirtieron en mis olas, su crítica en la arena sobre la que era golpeada una y otra vez hasta que comenzó a limar todas mis aristas. Sé que como sociedad tenemos tendencia a pensar que deberíamos aspirar a ser suaves y bonitas, a tener todas las aristas suaves y redondeadas. No obstante, mientras más crezco, y aprendo, y pienso al respecto, más entiendo que nuestras aristas, las partes de nosotras que sobresalen en todas direcciones y no encajan con otras personas, son las que nos hacen ser únicas.

¿Mis cualidades únicas? Soy líder. Soy maestra. He construido dos empresas exitosas con trabajo duro, alboroto, ímpetu y la riqueza de conocimiento que puede encontrarse en búsquedas en Google. Mi meta es simple, incluso si es grandiosa: quiero que las mujeres entiendan que tienen el poder para cambiar sus vidas. Eso está en el centro de todo lo que hago. Es la plataforma sobre la cual he construido todo lo demás, y verdaderamente creo que para eso fui puesta en esta tierra. Estoy construyendo un imperio en los medios en torno a la idea.

No, no ha sido un error tipográfico. Sí, lo dije. Un. *Imperio*. En los medios.

No una empresa, no un alboroto complementario, no un pequeño negocio... un imperio.

El mundo me dice que las chicas buenas no alborotan, y sin duda no clavan una bandera en la tierra y gritan con audacia que quieren ser un magnate de los medios. Ciertamente no sienten tanta pasión al respecto que se tatúan la palabra *magnate* en la muñeca.

Sé que no soy la única que ha chocado alguna vez contra las expectativas de otros y después ha retrocedido debido a ellas. En un deseo de encontrar comunidad, busco constantemente a otras mujeres que estén en el liderazgo, y lo que encuentro una y otra vez son mujeres haciendo precisamente lo que yo hice. Minimizan todo lo que han logrado, porque les han enseñado que eso hace sentir incómodos a otros.

Amiga, mujeres *asombrosas* están haciendo eso. Mujeres que han construido empresas millonarias o que dirigen equipos muy grandes obteniendo beneficios increíbles. Esos tipos de mujeres tienen miedo a admitir que son buenas en sus trabajos o que les encanta lo que hacen. Interactuar con ellas me ha hecho sentirme menos sola, me ha hecho entender que esto es algo que enfrentan muchas otras mujeres. Por eso te cuento mi historia, con la esperanza de que, si eres como nosotras, sepas que hay una tribu de mujeres que sienten lo mismo, incluso si no todas han encontrado aún la valentía para decirlo en voz alta.

Está bien querer algo más para tu vida. De hecho, quédate conmigo el tiempo suficiente y descubrirás que es una de las cosas que más valoro en la gente. ¿Impulso, alboroto, el deseo de trabajar tan duro como puedas para perseguir una meta? Esa es mi música. El alboroto es mi lenguaje del amor.

Amo a las alborotadoras. Amo a quien es inflexible con lo que quiere para su vida y *se niega* a permitir que nadie la convenza de lo contrario. No me refiero a que ocasionalmente no caerá en la trampa de las opiniones de otras personas. Las alborotadoras que conozco son humanas y enfrentan las mismas inseguridades que el resto de nosotras; pero cuando llega la hora de la verdad, no lo piensan demasiado o lo debaten, sino que inclinan la cabeza y vuelven otra vez al trabajo. Eso es lo que *alboroto* significa para mí: significa que estás dispuesta a trabajar por ello, *sea lo que sea*, por lo que quieres, y no supones que nadie te lo va a dar, pero sabes que puede ser tuyo.

La sociedad tiende a educar a los varones para que persigan lo que quieran y tiende a educar a las niñas para que vayan tras los varones. Estoy aquí para decirte que no importa lo que la sociedad piense de ti o tus sueños. Caramba, tampoco importa lo que tu familia, tus mejores amigos o tu cónyuge piensen de tus sueños. Lo único que *realmente* importa es con cuántas ganas quieres esos sueños y lo que estás dispuesta a hacer para que se conviertan en realidad.

Laurel Thatcher Ulrich dijo: «Las mujeres bien portadas raras veces hacen historia», y hay cientos de años de evidencia para respaldarlo.[1]

Sojourner Truth, Susan B. Anthony, las sufragistas, Marie Curie, Malala Yousafzai, Oprah, Beyoncé: ni una de estas mujeres se conformó con las expectativas que la sociedad o el periodo de la historia en que nacieron colocaron sobre ellas. Ninguna de ellas minimizó sus dones, recursos, o el acceso que se le otorgó. Estas mujeres, y muchas otras, vivieron sus fortalezas y talentos dados por Dios sin importar lo que el mundo pensara de ellas, a veces en contra de pronósticos casi imposibles y una opresión amenazante para la vida.

¿Eres una alborotadora? Yo también. ¿Quieres serlo secretamente, pero tienes miedo a lo que otras personas pudieran pensar o decir? Yo he estado en ese lugar.

Para muchas mujeres, el peso de las opiniones de otras personas será una carga demasiado grande de llevar; no podrán salir de la red de seguridad, porque están demasiado asustadas. Sin embargo, esas no somos nosotras. Nosotras estamos dispuestas a perseguir nuestro sueño, estamos dispuestas a ser audaces y estamos dispuestas a enfrentar lo que sea, porque la probabilidad de vivir en nuestro máximo potencial vale la pena cualquier respuesta negativa que llegue a nuestro camino.

Algunos dicen que las chicas buenas no alborotan. Bueno, me parece bien. Me importa más cambiar el mundo de lo que me importa la opinión que tengan de mí.

PARTE II

CONDUCTAS A ADOPTAR

conducta[1]

sustantivo

1. la manera en que alguien actúa o se conduce, especialmente hacia los otros.

«buena conducta»

2. la manera en que un animal o persona actúa como respuesta a una situación o estímulo particular.

sinónimos: comportamiento, postura, acciones

Tus conductas son la manera en que actúas cada día. Tus conductas son tus hábitos. Se manifiestan en las acciones que emprendes, las palabras que dices y el modo en que vives tu vida. Lo que es más importante de entender sobre tus conductas es que son una decisión. No se sienten como una decisión debido a que la inmensa mayoría de tus conductas se realizan sin que haya un pensamiento consciente. Son hábitos que se han engranado en nuestra vida, pero son decisiones que tomamos ya sea de modo consciente o inconsciente. Lo cual significa que cada día tú decides ser esta persona... te des cuenta de ello o no. Decides creer lo que crees y aceptar lo que aceptas, y esas conductas pueden ayudarte inmensamente o pueden dañarte sin que en realidad lo sepas. Ahora que nos hemos desecho de las muchas excusas que nos obstaculizan para perseguir nuestros sueños, necesitamos dar algunos pasos hacia ellos. Esta sección es una lista de las conductas que adopté y me ayudaron a llegar a mis metas, y espero que a ti te ayuden a hacer lo mismo.

CONDUCTA 1:

DEJAR DE PEDIR PERMISO

Muy bien, hermanas, sé que no todas se sienten cómodas con la palabra *feminista*. Como mencioné antes, *feminista* simplemente significa que crees que hombres y mujeres deberían tener los mismos derechos, pero entiendo que hay un mundo de otros significados en torno a la palabra para muchas mujeres, y no intento convencerte de lo contrario. Solo lo saco a relucir ahora porque este capítulo va a parecer que tiene las palabras más feministas que hayas oído jamás de mí, y si eso no es algo que te gusta, tu inclinación va a ser saltarte este capítulo.

No te saltes este capítulo.

No hay absolutamente ninguna necesidad de que quemes tu sujetador en las calles, pero eres una mujer madura y te debes a ti misma considerar esta idea. Este capítulo no se trata de hombres contra mujeres y cómo deberíamos sortear la disparidad. Este capítulo habla sobre la verdad de que la mayoría de las culturas se han establecido —desde el principio de los tiempos— como patriarcales. Esto significa que en la mayoría de las sociedades los hombres tienen más poder (o todo el poder) y por lo tanto más control.

No importa si crees que eso es bueno o malo, natural o equivocado (¡amiga, tú eres *tú*!), pero para el propósito de este libro y de perseguir tus metas, importa que al menos consideres cómo podría afectar este tipo de estructura a tu creencia en ti misma. Después de todo, si te criaron para creer que los hombres saben más, que los hombres son la autoridad, ¿cuánta fe te enseña eso a tener en ti misma y tus propias opiniones como mujer?

Recientemente estaba en un viaje de negocios y me detuve en una tienda de libros en el aeropuerto a fin de comprar algo para leer en el avión. Terminé agarrando ese libro increíble titulado *Women & Power: A Manifesto* [Mujeres y poder: un manifiesto]. Es un estudio realmente interesante de la historia de las mujeres hablando públicamente. No de mujeres que hablan, sino de que se les permite a las mujeres (o más bien no se les permite) hablar en foros públicos. Deberías sin ninguna duda leerlo. Es una historia rica y bien escrita, y puedes leerlo en dos horas. Personalmente, nunca he estudiado en realidad —y por lo tanto nunca me he enfocado en— el poco permiso que antes se les concedía a las mujeres para utilizar sus voces o dar sus opiniones. Ah, por supuesto que he leído todo sobre las sufragistas y lo mucho que han luchado las mujeres por el derecho al voto, pero nunca me detuve a considerar la larga historia de dolor, tortura e incluso muerte que se desarrolló en los cientos de años que condujeron hasta esa época.

Hay una parte increíble en el libro que me resultó muy poderosa. Fue la idea de que para la mayoría de nosotros, la voz de autoridad en nuestras vidas cuando éramos pequeñas era la de un varón. Y si crecimos y comenzamos a trabajar, o crecimos y nos casamos con un hombre, entonces es posible que la voz de autoridad siguiera siendo masculina. La persona a cargo, la persona que te decía qué hacer, que te decía lo que estaba bien y mal, con frecuencia resultaba ser un hombre.

Si ese hombre era bueno, sabio y tenía en su corazón tu mejor interés, entonces eso podría haber inculcado en ti la creencia en que él sabía más. Tal cosa es lo bastante fuerte por sí sola, sin embargo, ¿y si ese hombre en tu vida no era bueno? ¿Y si era dañino o cruel? ¿Y si tenía en su corazón los mejores intereses para sí mismo en lugar de para ti? Él seguía estando a cargo, era quien tomaba las decisiones, y seguía afectando tu vida.

Hay un dicho que ha andado por ahí desde siempre: «Si no ves algo, ¿cómo sabes que puedes serlo?». Si tu ejemplo de «lo correcto» fue siempre masculino, ¿crees que se te ocurriría de modo natural que tú como mujer tienes la autoridad para ser quien quieras y lo que quieras ser? ¿Crees que llegarías a creer fácilmente que tienes el derecho, el poder y la fuerza para perseguir tus propios sueños solamente por ti misma? ¿O crees que es posible que pudieras buscar el permiso o incluso la aprobación de otras personas porque eso era tu normalidad?

Yo fui criada con una voz de autoridad que era masculina. Mi papá es una personalidad muy fuerte y muy enérgica, y demandaba obediencia total. Aprendí a vivir con la esperanza de su aprobación y aterrada ante su desagrado. Entonces conocí a mi esposo cuando tenía diecinueve años, y aunque pensé que él era un tipo de hombre muy distinto, puedo reconocer al mirar en retrospectiva que transferí a mi esposo mis sentimientos sobre mi padre. Yo era totalmente codependiente. Vivía cada día para agradarle a él y hacerlo feliz, y si él era infeliz, incluso si no se trataba de mí, eso resultaba paralizante. Me ahogaba en la ansiedad hasta que podía hacer algo o decir algo para cambiar su estado de ánimo.

Recuerdo que hace unos siete años atrás él había tenido un mal día en el trabajo y estaba realmente frustrado cuando llegó a casa. Yo pasé de inmediato al modo «arreglo». Era como: «¿Puedo prepararte algo para beber? ¿Tienes hambre? ¿Quieres ver una película? ¿Quieres tener sexo?», y él me miró con mucha firmeza, pero también mucha amabilidad y me dijo: «Rachel, no estoy de buen humor, y me sobrepondré a ello. Está bien si estoy molesto.

No tienes que hacer que mejore. No es tu tarea asegurarte de que yo sea feliz».

Madre mía, amiga. ¡Fue una epifanía grandiosa! Realmente nunca se me había ocurrido que yo debía simplemente dejar que él procesara sus sentimientos y que no era mi tarea arreglar la situación. Me habían educado en una casa donde hacíamos todo lo posible para mantener contento a papá, y yo no sabía que hubiera otro modo distinto de ser.

Por consiguiente, cuando comencé a entender que todo el propósito de mi vida no era agradar a otra persona, comencé a considerar cosas en las que no había pensado antes. Como por ejemplo: ¿Y si pudiera tomar decisiones por mí misma? ¿Y si dejara de tomar cada decisión en mi vida según lo que agradaría más a otros? ¿Y si algunas veces hiciera lo que yo quiero hacer? ¿Y si dejara de pedir permiso?

Ni siquiera entendía que lo estaba haciendo en ese entonces, pero probablemente durante los diez primeros años de mi matrimonio le había pedido permiso a Dave para todo. No porque él me dijera que lo hiciera, sino debido a que eso era lo que yo pensaba que resultaba normal y lo que llevé conmigo a nuestro matrimonio.

«¿Te importa si voy al supermercado?».

«¿Te importa si ceno el jueves en la noche con Mandy?».

«Oye, ¿está bien si me como la última de las galletas de las Girl Scout?».

Hacía eso años antes de que tuviéramos hijos, de modo que ni siquiera era decir: «Oye, quiero hacer esta actividad y voy a precisar que te ocupes del cuidado de los niños». Era que yo necesitaba seriamente su aprobación para hacer cualquier cosa en mi vida, porque no quería que mis deseos lo incomodaran de ninguna manera.

Ahora miro atrás a aquellos años y le doy gracias a Dios porque me casé con un buen hombre. Habría sido muy fácil para él aprovecharse de mí o abusar del poder que tenía sobre mi persona si hubiera tenido esa inclinación.

Amiga, si estás leyendo estas palabras, voy a suponer que eres una mujer madura. Las mujeres maduras no piden permiso. Hay, sin duda alguna, un modo de ser tu propia persona a la vez que también eres parte de una relación estupenda con otro ser humano. Es totalmente posible manejar tus prioridades, tus responsabilidades y tus deseos personales de una manera que resulte fiel a ti misma y a las personas a quienes amas.

Eso sucede cuando dejas de pedir permiso para ser tú misma.

Sucede cuando deja de importarte más lo que otros piensan de tu sueño que lo que tú misma piensas de este.

Sucede cuando le das más valor al cuidado propio del que le otorgas a si otros serán incomodados por ello.

Tienes permiso para querer ser tu mejor versión, para perseguir tus sueños, incluso si otros no lo entienden. Tienes permiso para avanzar hacia algo más, incluso si a otros no les gusta. Tienes permiso para tomarte un tiempo apartada de tus hijos, incluso si eso es un inconveniente para la persona que tiene que cuidarlos. Tienes permiso para hacer algo, incluso si eso hace sentir incómoda a tu pareja. Tienes permiso para decirles a las personas quién eres tú y lo que necesitas en lugar de primero preguntar si les parece bien a ellos. Tienes permiso sencillamente para existir sin permisos, opiniones o calificativos.

Estoy intentando recordar cuándo escuché por primera vez el término *mujer jefa*.

Ciertamente alcanzó las alturas de la popularidad cuando Sophia Amoruso publicó su libro. En ese momento estuve en la fila para comprarlo como cualquier otra mujer emprendedora, autodidacta y que se respetara a sí misma. Leer su historia fue inspirador y motivacional, y sinceramente no pensé mucho en el título, porque tenía muchas ganas de leer lo que estaba escrito en el interior.

Sin embargo, luego comencé a ver el término (y sus posteriores derivados) por todas partes… Mujeres de todas las edades y trasfondos agarraron el nombre y corrieron con él. Se convirtió en una tendencia popular en las redes sociales que aún no ha muerto diez años después. Ahora es parte de la lengua vernácula. Se pronuncia en conferencias y se ha convertido en un título al que aspiran las mujeres jóvenes en los programas de estudios empresariales.

Y eso hace que me hierva la sangre.

Quiero subirme en una tarima y hablar sobre este tema en particular y como nos hace caer en el juego de la voz masculina de autoridad, pero en cambio plantearé una pregunta. ¿Sabes lo que significa calificar algo? Lo pregunto porque cuando yo era más joven, no creo que me hubiera detenido a considerar el término «mujer jefa» para mujeres como yo. Nunca habría cuestionado lo que podría decir un *hashtag* o una etiqueta de las redes sociales sobre las mujeres en los negocios en general. Cuando hablo del acto de calificar algo en los paneles de discusión en una conferencia tras otra, solo un puñado de personas responden diciendo que saben algo al respecto. Y por eso leo en voz alta la definición.

calificar[1]

verbo

1. *Modificar limitar o restringir,* como enumerando excepciones o reservas

2. Hacer menos duro o severo; moderar

Antes de comenzar a dirigir mi empresa, mi esposo era un ejecutivo de alto nivel en una de las empresas de medios de comunicación más grandes del planeta. Dirigía a un equipo en todo el mundo de más personas de las que yo puedo rastrear. Fue ascendiendo a partir de ser un asistente con ímpetu y determinación. A él nunca, ni una sola vez, alguien le ha puesto una etiqueta por el trabajo que hace sobre la base de su género.

Calificar el término *jefa* añadiendo *mujer*, o *cariño*, o *cielo*, o *rosa*, o cualquier otra asignación de género ridícula y anticuada que los medios de comunicación crean que es bonita este mes, resulta como mínimo irrespetuosa, y en el peor de los casos dañina para el modo en que las mujeres jóvenes se ven a sí mismas y para nuestra lucha por la igualdad en el mundo empresarial. ¡Y la peor parte es que las mujeres son quienes están perpetrando este acto! Son las mujeres quienes están poniendo esta etiqueta en material de papelería, camisetas y anotaciones, todo ello bajo el disfraz de que es útil e inspirador para una generación más joven.

En cierto nivel tienen razón: ser dueña de una empresa o dirigir una empresa o un equipo es inspirador para una generación más joven. No obstante, si nuestras hijas tienen la valentía y la determinación de agarrar ese testigo, no menospreciemos sus esfuerzos diciendo que es bastante bueno *para una chica*. No las llamamos «mujeres médicos», o «mujeres abogadas», o «mujeres nominadas para la presidencia de los Estados Unidos de América». Fue necesaria mucha lucha para llegar a esos puestos, y demandan respeto. Y también lo demanda esto.

Ser jefa se ha convertido en uno de los mayores privilegios y retos de mi vida. Ser jefa requiere resistencia y tenacidad. Ser jefa que requiere alboroto y fortaleza. Llegar hasta el nivel de jefa requiere trabajo duro, con frecuencia más duro del que necesitan nuestros compañeros varones, porque en muchas industrias estamos abriéndonos camino peleando hasta entrar en un club de hombres. Se le podría llamar rebelde, pícara o líder a ese tipo de persona, pero no hay nada específico de género al respecto.

Hablo de este tema ahora porque quiero recordarte que no necesitas el permiso de nadie para ser tú misma, y tampoco necesitas conformarte, transformarte y cambiarle el nombre a tu meta a fin de hacer que sea más agradable para otras personas. No necesitas presentarte a ti misma bajo cierta luz para ser amada y aceptada. Las personas que se merecen estar en tu vida se interesarán por quién eres realmente, tu yo genuino, incluso si les toma algún tiempo acostumbrarse a ello. Incluso si eres diferente a cualquier otra mujer que ellos conocen. Incluso si eres diferente a la mujer de la que se enamoraron.

Sé el tipo de mujer que quieras ser.

Sé el tipo de mujer que se enorgullece de ser ella misma.

Sé el tipo de mujer que tiene tanto amor en su interior que no se verá tentada a cambiarse a sí misma para obtener el amor de otras personas.

Sé el tipo de mujer que se enfoca más en estar interesada que en que otras personas piensen que ella es interesante.

Sé el tipo de mujer que se ríe en voz alta y con frecuencia.

Sé el tipo de mujer que es generosa; sin importar cuánto dinero haya en su cuenta bancaria, tiene una riqueza de recursos que ofrecerles a los demás.

Sé el tipo de mujer que se pasa toda una vida aprendiendo, porque conocimiento es poder y quienes creen que lo saben todo son con frecuencia los más torpes entre nosotros.

Sé el tipo de mujer que tu yo de once años y tu yo de noventa años estaría orgullosa de ser.

Sé el tipo de mujer que pone al descubierto su vida.

Sé el tipo de mujer que entiende que fue creada para
algo más.

Sé el tipo de mujer que cree que es capaz de hacer cosas
asombrosas en este mundo.

Sé el tipo de mujer cuyos sueños la ponen nerviosa, y después
sigue adelante y los logra de todos modos.

Sé el tipo de mujer que nunca pide permiso para ser ella
misma.

CONDUCTA 2:

ESCOGER UN SUEÑO Y APOSTARLO TODO

Esto es lo que creo acerca de una meta que con frecuencia molesta a la gente: solo puedes enfocarte en una cada vez.

Solo. Puedes. Enfocarte. En. Una. Cada. Vez.

Si se me permitiera incluir emoticonos en un libro de no ficción, será mejor que creas que habría un pequeño aplauso agresivo entre cada una de esas palabras.

Este párrafo está dirigido a todas mis soñadoras que piensan: «Quiero escribir un libro, pero también quiero ser cantautora, y estoy pensando en obtener mi licencia como agente de bienes raíces, y también quiero trabajar en un refugio de animales y comenzar una organización sin fines de fines de lucro para llevar especies en peligro de extinción a residencias de jubilados a fin de consolar a las personas mayores».

No.

En primer lugar, incluso si tu lista no es tan elaborada, incluso si todas las cosas incluidas en ella se apoyan unas a otras, *incluso entonces* eso no va a ser eficaz. Si fuera eficaz, ya habría funcionado.

En segundo lugar, esa lista no es una lista llena de sueños. Es una lista llena de algunas buenas ideas. Necesitas entender la diferencia.

Cuando digo *sueño*, me refiero a algo que deseas mucho. Me refiero a que fantaseas con algo y te imaginas regularmente cómo sería. Me refiero a que cuando piensas en ello, tu corazón se acelera y las palmas de tus manos sudan como en una canción de Eminem.

Los espaguetis de mamá.

Muchas personas no entenderán la broma que acabo de hacer con Eminem, pero está bien. Tres personas la entendieron, y mientras alguien entienda mi humor, eso es lo único que me importa.

Volvamos a lo del sueño contrariamente a una gran idea. Cuando las personas hacen una lista de las diecinueve cosas con las que «sueñan», mi respuesta es siempre la misma: ¿Cuál de ellas te emociona más? Si pudieras escoger solamente una en la que trabajar durante la siguiente década, ¿cuál sería? Si solo una de ellas pudiera tener éxito, ¿cuál escogerías?

Lo que sucede es que... siempre tienen una. Siempre.

Sin embargo, rodean su sueño más grandioso con un montón de ideas estupendas. Enumeran todo tipo de posibilidades, porque de ese modo pueden decir que todo es solo por diversión. De ese modo, sus opciones son infinitas. De ese modo, si perseguir el sueño se vuelve demasiado difícil, pueden abandonar y decirse a sí mismos que de todos modos no era lo que realmente querían hacer.

Mira, si escoges solamente un sueño, entonces no hay un plan B. Si quieres tomar la isla, entonces quema los barcos. Si realmente quieres alcanzar tus sueños, solo puedes perseguir uno cada vez. Creo por completo en apostarlo todo a un único sueño, y cuando logres ese, entonces puedes pasar al siguiente. Pero dividir tu atención es dividir tu enfoque y tu energía, lo cual significa que no es probable que tengas mucho progreso.

Cuando se trata del crecimiento personal, las mujeres con frecuencia lo enfocan como si fuera un bufet. Quieren trabajar un poco en esto y un poco en aquello. Razonan que todas las áreas de su vida son importantes, y por lo tanto deberían intentar solucionarlo todo al mismo tiempo. Quizá eso sea posible para algunas personas, pero puedo decirte que lo que a mí me ha funcionado, en contraste, es el enfoque.

Tengo toda una vida aparte de la búsqueda de mis sueños, y supongo que tú también. Tengo un matrimonio, hijos, una carrera profesional, comprar comida, lavar los platos, y miles de otras cosas. No tengo tiempo para desperdiciarlo. Si quiero pelear por mi derecho a perseguir algo nuevo por mí misma, necesito ser todo lo eficaz posible. Y para ser eficaz, tengo que estar totalmente enfocada.

En el pasado, siempre que me proponía comenzar una dieta y un programa de ejercicio y finalmente escribir mi novela, mi energía y entusiasmo no sobrevivían a la semana. Había demasiadas prioridades, demasiadas cosas que tener en cuenta. Me abrumaba fácilmente y no podía seguirle el ritmo a todo.

Cuando todo es importante, nada es importante.

Tuve éxito cuando aprendí a enfocarme, y el enfoque requiere escoger una cosa. Es difícil para las personas que hacen algo por primera vez comprometerse en una sola área cuando tienen pasión por el crecimiento. Lo que no entienden es que una meta es como un puerto. Cuando la marea sube en el puerto, todos los barcos suben.

Eso mismo tan increíble sucede cuando comienzas a crecer en un área de tu vida: otras áreas mejoran junto con ella. Si lanzas un puñado de piedras a un lago, moverás un poco el agua circundante. Si lanzas una gran roca a un lago —me refiero a que si empleas tu energía en un área— el impacto es increíble. La reacción en cadena de esa decisión se extiende en todas las direcciones.

Para mayor claridad, me gustaría mencionar que es muy posible crecer en varias áreas de tu vida cuando has alcanzado el éxito en un área y lo has establecido como un hábito. Por ejemplo, soy capaz de mantener mi régimen de salud y buena forma física a la vez que persigo una nueva meta, porque la salud y estar en forma físicamente son ahora hábitos en mi vida. No obstante, si hubiera intentado conquistarlos a la vez o hubiera intentado seguirlos mientras comenzaba a desarrollar mi empresa, digamos que no habría sido tan exitosa.

La pregunta es ahora: ¿Cómo decides? ¿Cómo escoges lo correcto en lo que enfocarte a continuación? Bueno, si eres como yo, lo haces utilizando un proceso que me gusta llamar «10, 10,1».

Si nunca has oído antes sobre 10, 10,1 es porque yo lo inventé... pero sí lo registré, porque es una buena idea y no soy una tonta. Como con la mayoría de las cosas en la vida, pienso en un proceso que me funciona, y cuando me veo obligada a explicarlo, lo escribo y le pongo un título conciso. Ver: toda mi carrera editorial.

Diez años.

Diez sueños.

Una meta.

¿Quién quieres ser en diez años? ¿Cuáles son los sueños que te gustaría hacer realidad para ti? ¿Cuál de esos sueños vas a convertir en una meta y enfocarte en ella a continuación? 10, 10, 1.

Juntas, vamos a ver cada uno de ellos con más detalle.

DIEZ AÑOS

Me gusta alentar a las personas a que comiencen cerrando los ojos e imaginando la mejor versión de sí mismas. Imagina que ha pasado una década de tiempo y estás viviendo tu mejor ideal posible para ti y tu vida. Sueña en grande. No pongas ninguna restricción. No lo pienses demasiado; solamente permítete imaginar la versión futura más magnífica posible de ti misma. Dentro de una década en el futuro, ¿qué está haciendo la mejor versión de ti? ¿Cómo luce? ¿Cómo lleva a cabo su día? ¿Cómo les habla a las personas que ama? ¿Cómo es amada a cambio? ¿Qué tipo de ropa lleva? ¿Qué tipo de auto conduce? ¿Es una cocinera estupenda? ¿Le encanta leer? ¿Le encanta correr?

Sé tan concreta como puedas. ¿Adónde vas de vacaciones? ¿Cuál es tu restaurante favorito donde comer ahora que tu vida es diferente? ¿Qué tipo de alimentos consumes? ¿Cómo se siente experimentar tu día? ¿Eres optimista? ¿Alientas a los demás? Tras una década de trabajar en ti misma y crecer como mujer, ¿cuánta alegría hay en tu vida? ¿Cómo es tu semana? ¿Cómo tratas a la gente? ¿Cómo te tratan a ti?

Simplemente deja que tus sueños corran sin freno. ¿Eres feliz? ¿Tienes energía? ¿Estás motivada? ¿Te sientes ambiciosa? ¿Cómo es tu relación con tus familiares? ¿Posees una casa, y cómo es? ¿Tienes hijos, tienes una familia, estás casada? ¿Qué es lo mejor de lo mejor?

Ahora piensa más grande aún. ¿Cuál es una versión más grande de la mejor versión de ti misma? Viviendo cada día en el mejor estado en el que sabes que puedes encontrarte. ¿Qué trabajo tienes? ¿Cuál es el mayor valor que tiene tu yo futuro? ¿Es la familia, es la lealtad, es el crecimiento? Sé todo lo específica que puedas.

Ahora, sin un segundo de crítica ni de pensar demasiado, quiero que escribas todo lo que acabas de pensar tan rápidamente como puedas. No quiero que te olvides de nada; quiero que esa versión futura de ti misma quede grabada en tu cerebro.

La mejor versión de mí misma es...

Cuando estoy en mi punto óptimo...

No retengas nada. Este no es el momento para pensarlo demasiado o decirte a ti misma que vayas despacio. No es el momento de ser realista; es el momento de pensar tan grande como puedas.

Espero que este ejercicio te haya ayudado a dibujar una imagen clara en tu mente de muchas cosas distintas y asombrosas en las que puede participar tu yo futuro. Personalmente, me gusta hacer esto una o dos veces al año y crear un tablero de visión (como en el quinto grado cuando pegábamos un montón de recortes de revistas en una cartulina) para así tener una imagen visual que seguir con mi cuadro mental.

Este es el primer paso; eres tú dentro de diez años.

Ahora veamos cómo ser más precisas.

DIEZ SUEÑOS

Convierte tus diez años en diez sueños. Si esos diez sueños se cumplieran, lograrías que tu visión se hiciera realidad. Por lo tanto, si viste tu futuro libre por completo económicamente, quizá tus sueños serían cosas como tener un salario de seis cifras, estar totalmente libre de deudas, etc. No obstante, quizá tu yo futuro soñado también está sano, feliz y lleno de energía. Añadamos a la mezcla convertirte en una corredora de maratones y vegetariana. Lo importante es, una vez más, que seas concreta. La lista de sueños incluye cómo se manifiesta esa visión futura para *ti*.

A menudo, cuando hacemos esto pensamos en más de diez cosa, pero es esencial reducirlas. El enfoque importa, ¿recuerdas? Escoge diez sueños que, si se cumplieran, convertirían en realidad a tu yo futuro.

Esta es la clave: escribe esos diez sueños en un cuaderno cada día. Y redáctalos como si ya se hubieran cumplido.

Yo hago esto cada día de mi vida porque quiero que la repetición inculque en mi cabeza y mi corazón dónde debería estar mi enfoque. Quiero recordarme a mí misma *quién* debería ser. Los escribo como si ya se hubieran cumplido, porque leí una vez en alguna parte que tu mente subconsciente se enfoca en lo que tú le das. Si te dices a ti misma (y a tu subconsciente): «Voy a ganar un millón de dólares», no terminas enfocándote en la meta, sino en las palabras *voy a*. Esto se convierte en algo parecido a una lista de quehaceres para tu cerebro. No le indicaste una dirección. No le pediste a tu mente que te ayude a saber cómo lograrlo. Solo le dijiste que vas a hacer algo, lo cual no es especialmente poderoso a pesar de lo grande que sea la meta que has establecido para ti, porque creas listas de quehaceres todo el tiempo. ¿Qué hace que esto sea algo de lo que tu cerebro debería tomar nota?

¿Y si en cambio te dijeras a ti misma: «Tengo un millón de dólares en el banco»? Eso es específico. Eso es un resultado. Esa es una dirección hacia donde ir. *Voy a* es algo en el futuro. *Tengo* está en tiempo presente, lo cual significa que tu subconsciente comienza a enfocarse en cómo hacer real eso en este momento. Yo realmente no tengo un millón de dólares en el banco... aún. Pero estoy trabajando en ello.

Algunos puntos en mi lista son cosas que quiero alcanzar; otros puntos son cosas que puedo lograr cada día.

«Soy una esposa excepcional».

Eso está en mi lista. Lo escribo cada día como recordatorio de quién soy y quién quiero ser. Cuando me imagino a mi mejor yo futuro, ella sigue estando embriagada de amor por Dave Hollis. En el futuro, él sigue siendo mi mejor amigo, y aún podemos agarrarnos mutuamente las manos. Solo que ahora lucimos mucho más frescos, porque nuestros hijos son un poco mayores y no tenemos que cambiar pañales o despertarnos por el llanto de un bebé al que le están saliendo los dientes.

También soy cuidadosa con las palabras que escribo. No utilizo la palabra *buena*. No utilizo la palabra *estupenda*. Utilizo la palabra *excepcional*. Cuando escribo esa frase sobre ser una esposa excepcional cada día, tengo que preguntarme a mí misma de qué forma actué hoy que me hizo ser excepcional. Es una señal sencilla para moverme hacia la acción. Me recuerda que le envíe un mensaje de texto a mi esposo y le diga lo guapo que estaba con esos pantalones, o cuánto lo amo y lo aprecio. Eso no sucedería si no tuviera esa señal que me recuerda quién quiero ser.

Otro punto en mi lista diaria es un poco extraño, pero, recuerda, es mi lista de sueños y no la tuya. Escribo: «Vuelo solamente en primera clase».

Si me sigues en las redes sociales, quizá tengas alguna idea de cuánto viajo por motivos de trabajo. Es mucho, amiga. Mucho. No me importa el viaje, porque el noventa por ciento de las veces estoy en camino a dar un discurso de apertura o motivar a un puñado de asistentes a una conferencia con mi estilismo lírico único y la energía de un sabueso de caza. Hablar en público es una de las partes favoritas de mi trabajo, pero también requiere enfoque y energía. Es difícil tener ambas cosas cuando viajas de un lado al otro por todo el país en aviones. Y es difícil mantener mi carga de trabajo actual para así poder llegar a todas esas citas cuando estoy sentada en turista.

Además, mi carga de trabajo actual siempre implica escribir. Todo el tiempo estoy escribiendo o editando un libro, o trabajando en un artículo o una publicación, y como se trata de mí y no conozco el significado de la palabra *privado*, casi todo lo que escribo tiende a ser sensible en naturaleza. ¿Sabes cuán extraño es escribir un capítulo sobre tu vida sexual mientras algún tipo al azar está sentado a tu lado compartiendo reposabrazos? ¡Yo lo sé! Durante años he escrito en aviones; no hay ninguna otra manera para mí de poder hacer las entregas a tiempo. Y aborrezco no escribir simplemente porque me preocupe lo que piense del capítulo 5 la persona que tengo al lado. Aquí es donde entra en escena este sueño.

En mi mente, viajar en primera clase es bueno por una sola cosa: el tamaño del asiento. No me importan los aperitivos tan extraños. No me importa que el vino sea gratuito. Ni siquiera me importa poder entrar en el avión antes que todos los demás. Lo único que me importa es que, en primera clase, puedo sentarme con las piernas cruzadas y mi computadora en mi regazo. Es muy cómodo. Estoy muy lejos de la persona que se encuentra a mi lado. ¡Es lo mejor!

Sé eso porque una vez, hace años, Dave utilizó sus millas para pasarme a primera clase en un vuelo. Cuando tuve una probada de la tierra prometida, no pude dejar de soñar con ella. Por lo tanto, escribí las palabras: «Vuelo solamente en primera clase». Cada día. Durante meses y meses. Lo cual significa que cada día mi cerebro aceptaba eso como verdad y ayudaba a hacer que ese sueño fuera una realidad para mí.

Cuando comencé por primera vez a escribirlo en mi lista, no teníamos tanto dinero en nuestro presupuesto para viajes de trabajo, y el solo hecho que yo quisiera que fuera cierto no hizo que se cumpliera. Sin embargo, después de haberlo escrito durante unos seis meses, tuve una revelación tan sencilla que quise darme un puñetazo a mí misma en la cara por no haberlo pensado antes. Seguro que te vas a reír. O quizá ya sabes cómo solucioné el problema, pues resultó muy obvio para ti. Comencé a volar en primera clase porque les decía a las personas que eso era parte de mis requisitos de viaje. Me refiero a que, cuando las empresas llamaban y decían: «Rachel Hollis es estupenda, y nos encantaría contar con ella para animar a nuestro equipo de ventas. ¿Que sería necesario para que viniera hasta aquí?», mi asistente les explicaba cuál era mi tarifa como oradora y, después de eso añadía la frase: «Además de viaje y acomodación en primera clase».

Al principio, yo estaba muy nerviosa de que la gente pudiera molestarse y me perdiera grandes oportunidades, o de que me vieran como una diva. No obstante, nadie se inmutó. En primer lugar, cuando has trabajado para llegar a cierto lugar en tu carrera, no es inusual requerir cosas adicionales que no te hubieran dado cuando empezabas. En segundo lugar, las marcas podían o no permitirse eso, pero nadie se enojó ni envió a los aldeanos con horquillas de labranza a mi casa. Ahora puedo viajar en los asientos grandes, y llego a cada evento de trabajo sintiéndome bien, productiva y lista para empezar.

En caso de que te lo preguntes, sigo teniendo esa línea en mi lista. Puedo volar en primera clase por motivos de trabajo, pero nuestra situación financiera personal no nos permite hacer eso con nuestra familia... aún. Cada día recuerdo hacia dónde nos dirigimos.

Ahora que has identificado tus diez sueños, espero que aceptes mi consejo y los escribas cada día. Es un modo estupendo de recordarte diariamente a ti misma quién quieres ser, pero para llegar hasta ahí tienes que encarar esa lista con acciones y enfoque. El paso siguiente es reducir tu enfoque a una meta. 10, 10.1. Diez años se convierten en diez sueños que se convierten en una meta. Tu sueño es tu ideal; se convierte en una meta cuando comienzas a perseguirla activamente.

UNA META

Quiero que te preguntes ahora mismo: ¿Cuál es una meta, una cosa que puedes hacer, que te acercará más rápidamente a la versión dentro de diez años de ti misma? ¿Cuál es la meta de entre las diez que acabas de identificar en la que puedes trabajar este año? Piénsalo y después anótalo.

Para alcanzar una meta, necesitas asegurarte de tener claridad con respecto a dos cosas:

1. ¿Cuáles son los detalles?
2. ¿Cómo medirás tu progreso?

«Quiero perder peso» no es específico. ¿Quieres perder dos libras (1 kilo) o cien libras (45 kilos)? Eso es específico.

«Quiero un porcentaje de grasa corporal del veinticuatro por ciento».

«Quiero ahorrar cinco mil dólares».

Esas son metas específicas que puedes medir.

«Quiero mejorar en mis finanzas». Eso es basura. Ya te estás preparando para el fracaso, o te estás preparando para darte a ti misma el mérito por el trabajo sin hacer un progreso mensurable. Pagar en efectivo tu café en lugar de utilizar una tarjeta de crédito podría considerarse «mejorar en las finanzas», pero ¿adónde te está llevando eso? Si tu meta está más en la línea de «quiero ahorrar cinco mil dólares», no te tomarás ningún café.

Tu meta también necesita ser mensurable. Tienes que poder juzgar si estás haciendo progresos o acercándote a donde quieres estar. Muchas personas también afirman que una meta tiene que tener un límite de tiempo, pero yo no considero que eso sea así para las metas personales, porque siento que te prepara para el fracaso. Si te dices a ti misma que tienes que estar en forma a finales de febrero y después llegas a mitad de febrero y no lo has logrado, te castigas a ti misma. La intención aquí es que trabajar en tu yo ideal es un proceso de por vida para convertirte en quien estás supuesta a ser. Los procesos de por vida no tienen límite de tiempo. Lo único que importa es que perseveres. No buscamos la perfección; buscamos constancia y regularidad.

Ahora bien, no es suficiente con saber cuál va a ser tu meta. Muchas probablemente ya sabían lo que querían lograr, y si eso fuera lo único necesario, ya lo habrían reclamado como propio.

También tienen que saber por qué lo quieren con tantas ganas. Necesitas definir por qué esa meta debe ser tuya y utilizar eso como empuje para motivarte cuando quieras abandonar. ¿Recuerdas cuando hablé antes de cuán importante es tu *porqué*? El *porqué* te hará seguir adelante incluso si no sabes cómo llegar hasta ahí.

Cuando era pequeña, mis padres se peleaban mucho. Eran peleas extremas, del tipo de dar puñetazos en las paredes y hacer agujeros, y yo me escondía en mi cuarto para alejarme de ellos. Me llevaba a mí misma al único espacio que era solo mío, mi cama, y escapaba imaginando un lugar donde no existía nada de aquello. Me imaginaba un futuro donde nadie se gritaba. También me imaginaba un fututo donde nadie se peleaba por dinero. Como niña, la mayor visión que podía imaginar para mí misma era entrar en una tienda y poder comprarme cualquier cosa que viera. No estoy hablando de un reloj o zapatos de diseño. Me refiero a poder permitirme el cereal de marca o un par de *jeans* nuevos para la escuela. Esa era la mejor visión que podía tener para mí misma entonces: un hogar donde nadie se peleaba y la capacidad de permitirme comprar cosas en Wal-Mart.

Por lo tanto, esa era mi meta, y el razonamiento subyacente era algo que recuerdo haber pensado a una edad muy temprana: *Cuando yo estoy a cargo, puedo vivir la vida que quiero.* Siempre que visualizas tu futuro, tienes que saber a dónde estás intentando llegar, y tienes que darte a ti misma alguna motivación para mantenerte en rumbo. Dicho de otro modo, tienes que conocer tu porqué. ¿Por qué te importa?

No es suficiente solo con querer estar más delgada. Es suficiente querer perder peso para así poder seguirles el ritmo a tus hijos o tener energía para tu vida. Eso es ímpetu y motivación.

No es suficiente con decir: «Quiero ser rica, porque creo que eso sería asombroso». Es suficiente saber lo que es privarte de cosas de niña y prometerte a ti misma que nunca vas a volver a vivir ese tipo de vida cuando tengas la capacidad de controlarlo. Eso es ímpetu y motivación.

Tienes que saber adónde te diriges, y tienes que conocer tu porqué. Para aquellas que comienzan y se detienen, comienzan y se detienen, comienzan y se detienen, si han abandonado su resolución cincuenta veces ya, se debe a que su porqué no era lo bastante fuerte.

Yo solía fumar. Aborrezco admitirlo, porque es absolutamente terrible. Fumar es lo peor. Es desagradable, y muy malo para tu cuerpo. Pero tenía diecinueve años cuando comencé. Pensaba que la gente popular fumaba, y yo quería ser popular. Entonces, una noche en la fiesta de vacaciones de la empresa, estaba charlando con aquella chica tan estupenda que trabajaba en el departamento de recursos humanos. ¡Ella era tan moderna! Era sofisticada y a la moda antes de que existieran las personas así, y aquella noche en la fiesta sacó una cajetilla de American Spirits. Si no estás familiarizada con American Spirits, son básicamente tabaco fuerte, mucho más fuerte que cualquier cosa que yo había fumado antes, solo que no lo sabía en aquel momento.

Aquella noche había bebido demasiado, y cuando la muchacha popular y moderna me ofreció un cigarrillo, no lo pensé dos veces y procedí a pasar el resto de la noche fumando un cigarrillo tras otro. Regresé a casa luego de la fiesta y no dejaba de vomitar. Todo me olía a ese cigarrillo. Vomité hasta que no quedaba nada en el interior de mi cuerpo, y me desperté a la mañana siguiente en mi cama sin ninguna ropa puesta excepto unos calcetines rojos marca Isotoner. Lo que se me ocurre es que me desvestí hasta quedarme como llegué a este mundo y después me puse esos calcetines, no sé, ¿por comodidad? Entonces estuve tres horas vomitando antes de desvanecerme. El punto es que hasta la fecha no puedo oler humo de cigarrillo sin tener ganas de vomitar. Nunca volví a tocar otro cigarrillo. Había tenido una experiencia tan mala, había llegado a un lugar tan malo, que lo abandoné de repente y no tuve problema alguno para dejarlo por completo. Nunca regresaré jamás a ese lugar. Eso es ímpetu y motivación.

Tienes que tener ímpetu y motivación —tienes que conocer tu porqué— o nunca harás el cambio. Tienes que saber en qué enfocarte, o nunca progresarás.

CONDUCTA 3:

ABRAZAR TU AMBICIÓN

Ambición no es una palabra mala.

No sé si se debe a que estoy en medio de escribir este libro y por lo tanto estoy consciente en todo momento de las conversaciones que se están produciendo ahora en los medios con respecto a las mujeres, pero parece que una autora y oradora popular tras otra están comentando sobre el tipo de mujeres que todas deberíamos apuntar a ser. Esta mañana vi una reposición más de una cita sobre los peligros y obstáculos de la ambición en las mujeres. Me enojé hasta el punto de echar chispas, y simultáneamente me sentí muy triste. Enojada, porque no creo que sea útil hacer generalizaciones sobre todo tipo de ambición y todo tipo de mujeres. Triste, porque esa persona tiene una poderosa plataforma y una voz para las mujeres en todo el mundo, y creo que este mensaje es un perjuicio que afecta profundamente la narrativa con la que muchas de nosotras crecimos.

¿Puede ser peligrosa la ambición? ¡Desde luego que sí! He hablado extensamente sobre mis propias batallas con ser una adicta al trabajo, de modo que sé cuán peligroso y poco sano puede ser eso. Sin embargo, ¿la ambición en general? Decir que es totalmente errónea parece corto de vista y resulta contrario al llamado a vivir todo aquello para lo que hemos sido creadas.

Es importante destacar que el comentario no estaba dirigido a los hombres. Declaraba los peligros de la ambición en las mujeres. Necesitamos comenzar a mantener una conversación muy real acerca de por qué aceptamos verdades sobre nosotras mismas como mujeres que nunca consideraríamos para los hombres. Si no es cierto para todos, entonces no debería ser cierto para nadie.

Entiendo que muchas personas creen cosas diferentes. Entiendo que, dependiendo de dónde o cómo te criaron, la idea de que no deberíamos sujetarnos nosotras mismas a un estándar diferente puede parecer totalmente herética. Pero pensémoslo durante un momento. Cuando un hombre quiere seguir adelante y avanzar en su carrera profesional, su ejercicio, su fe, su educación académica o cualquier otra cosa, eso se considera un activo y una ventaja. Queremos que ese tipo de personas lideren nuestros negocios, nuestras iglesias o nuestros gobiernos. Las personas ambiciosas trabajan para aprender más, hacer más, crecer más, y normalmente crean oportunidades para que las personas que les rodean hagan lo mismo. Sin embargo, ¿eso no está bien para una mujer? ¿Y si todavía no está casada? ¿Y si es una mamá soltera? ¿Está bien que lo intente con fuerza entonces, al menos hasta que tenga a un hombre que se ocupe de ella? ¡Espero que te percates del sarcasmo que hay en esa última frase, porque solamente la idea hace que me quiera explotar la cabeza!

Necesitamos dejar atrás la idea de que ciertas reglas se aplican solamente a ciertas personas en etapas de la vida en particular. Si no es cierto para todos nosotros, no debería ser cierto para ninguno de nosotros.

Mi cuñada Heather ha sido maestra durante los últimos dieciocho años. Fue jugadora de fútbol nacional mucho antes de obtener su licenciatura en educación elemental. Después obtuvo su maestría en consejería escolar, todo ello mientras era una líder destacada en educación y una defensora de los niños que estaban bajo su cuidado. Ese deseo de aprender más sobre su trabajo para así poder más ser más eficaz en él, eso es ambición, y no debería ser menos admirable en ella de lo que sería en sus hermanos.

Mi amiga Susan está liderando la reforma de la acogida temporal. Está cambiando el modo en que amamos a los niños que se encuentran bajo tutela y rodeando a los padres de acogida con el apoyo que necesitan para hacer este trabajo. Su ambición es muy grande. Tiene ambición de abrir ramas de su organización en cada ciudad de Estados Unidos. Tiene la ambición de asegurarse de que cada niño que esté en acogida se sienta amado, conocido y visto. Tiene la ambición de asegurarse de que ni un niño más salga del sistema por la edad, jamás. Es grandiosa y audaz. Su tipo de ambición cambiará el mundo.

Otra amiga es una mamá que no trabaja fuera de casa y batalló por años con su peso y su autoimagen. Hace dieciocho meses atrás se apuntó para su primera carrera de 10K; su ambición era lograr llegar a la línea de meta. Después de conquistar esa carrera, se apuntó para correr un medio maratón. Se esforzó a fin de encontrar el tiempo para entrenar y la voluntad para aprender cómo llevarse a sí misma hasta su meta. Terminó el medio maratón y completará su primer maratón completo el próximo otoño. Su ambición no era ser una directora general de una empresa o ganar un millón de dólares; su ambición era ponerse en forma y estar saludable a fin de poder ser una mujer mejor para ella misma y una mejor mamá para sus hijos. Su tipo de ambición cambió la dinámica familiar en su hogar y el modo en que ella ve la vida.

La ambición no es algo malo.

De hecho, la definición es totalmente poética: «un fuerte deseo de hacer o lograr algo, que normalmente requiere determinación y trabajo duro».[1]

Si no fuera por mi ambición y determinación de crear contenido que alentara a otras mujeres, no estarías aquí sentada leyendo este libro. Me refiero a que estamos básicamente en la mitad del libro, de modo que si pensabas que era estúpido, poco útil o aburrido, es de suponer que a estas alturas ya lo hayas dejado. Es probable que sigas aquí porque estás aprendiendo algo de él. Sin embargo, no sería nada que tú consumirías si yo no hubiera tenido la ambición de escribirlo en un principio.

No obstante, gran parte del tiempo podemos ver la ambición como algo bueno solamente hasta que nos apropiamos de ella, ¿cierto? En realidad, no es nunca la ambición de otras personas la que nos molesta. Es nuestra propia ambición la que nos parece aterradora.

¿Qué pensarían de mí si supieran que este era mi sueño? No nos importa lo que los demás piensen, ¿recuerdas?

Bueno, ¿y si me vuelvo demasiado ambiciosa y obsesiva? ¿Por qué no nos preocuparnos por cosas que están sucediendo realmente en lugar de por la posibilidad de algún día?

Muy bien, ¿pero y si me vuelvo loca y persigo mi sueño en perjuicio de mi familia y mis relaciones? ¡Vaya, hermana, yo misma u otra persona que te quiere nos acercaremos a ti y te sacudiremos para que tengas sentido común! ¿Realmente no te vas a permitir perseguir algo debido a un puñado de posibilidades inventadas?

Elimina eso. Desde luego que estás asustada, y entiendo lo que es estar asustada por lo desconocido. Pero no vas a lograr nada si no llegas a sentirte cómoda con la idea del logro.

¿Tienes una meta o un sueño? ¿Estás intentando perseguir algo? Entonces será mejor que te familiarices bien con la idea de la ambición. Necesitas adoptar la postura de esforzarte a fin de crecer en los aspectos que importan para tus metas. La ambición se ve como levantarte temprano; se ve como trabajar después de que se hayan acostado los niños. La ambición se ve como adoptar la disposición de admitir las cosas que no sabes y pedir ayuda, hacer investigaciones, o convertirte tú misma en tu mejor mentora. La ambición se ve como vivir de un modo en el que otros no vivirán para así tener una vida que otros no pueden tener. ¿Estás preparada para apropiarte de tu ambición?

CONDUCTA 4:

¡PEDIR AYUDA!

Es ya el último momento, amiga. Se supone que debía haberle entregado a mi editora las correcciones de este libro la semana pasada. Tuve que pedir una prórroga, y me han dicho que esta ingenua tiene que entregarlo hoy si es que quiero cumplir con mi fecha de publicación. Quiero subrayar cuán adelantada en el juego estoy en este proceso creativo, porque entonces entenderás la locura que es para mí estar añadiendo justo ahora este capítulo.

Estoy comenzando un capítulo totalmente nuevo cuando se supone que debería tener todo esto ya terminado y guardado, enviado por correo electrónico a una adorable mujer en Tennessee para que ella pueda revisarlo.

En cambio, me estoy comportando como una rebelde. Y lo hago porque se me ocurrió esta mañana, como una bombilla que se enciende, que olvidé por completo incluir una conducta increíblemente vital que debes adoptar sin ninguna duda en tu vida. Durante días he estado pensando: *¡Sé que se me olvida decirles algo, simplemente lo sé!* Y entonces recordé lo que era, y mi única excusa para que no se me ocurriera en un inicio es que es una conducta que está tan arraigada en mí que a estas alturas no la consideré como algo extra que añadir. Sin embargo, recibo tus correos directos, tus correos electrónicos, tus mensajes en las redes llenos de emoticonos que están colmados de agobio hasta rebosar, y entonces recuerdo que no todas las mujeres lo hacen. Así que aquí está: ¡pide ayuda!

¡Pide algo de ayuda, caramba!

No puedes leer el capítulo sobre la ambición y permitir que te avive si tampoco vas a pensar en qué recursos necesitas para llegar hasta ahí. Decidir tomar clases de claqué para adultos porque te animan el corazón no requiere solamente unos nuevos zapatos con puntera de metal y una selección de academias de baile recomendadas. También requiere que alguien cuide de tus hijos mientras tú estás en clase. Pide ayuda.

Intentar crecer hasta un nuevo nivel en tu negocio de mercadotecnia multinivel no solo requiere clases, seminarios en la Internet y una presencia muy grande en las redes sociales; también requiere que alguien te ayude con la casa, porque tendrás menos tiempo para eso. Pide ayuda.

Lo entiendo, amigas, lo entiendo. Sé que al principio resulta raro para la inmensa mayoría de nosotras pedir ayuda. Por una parte, aborrecemos admitir ante nadie, especialmente ante nosotras mismas, que la necesitamos. Por otra parte, de algún modo nos hemos acostumbrado a esta idea distorsionada de que lidiar con el hecho de que no podemos hacerlo todo exitosamente significa que somos débiles. ¡De eso nada! Pensemos en cuán ridículo es esa idea. Las personas más poderosas del mundo tienen equipos completos en los que delegan. Reciben ayuda en todas las direcciones, desde limpiar su casa hasta ampliar su negocio a otros países extranjeros. Pero tú —con tu negocio que está comenzando, montones de ropa que lavar, y tus dos hijos menores de cuatro años— ¿tú eres quien se supone que tiene que sortear todo esto a solas? Amiga, de ningún modo. Tienes una percepción distorsionada de lo que es el éxito en *cualquier* área de la vida. Y tampoco es ni siquiera tu culpa.

Yo culpo a los medios de comunicación.

O más concretamente, culpo a cada mujer que luce fabulosa y con mucho estilo y ha estado en televisión o la Internet en los últimos cincuenta años y no nos dijo cuánta ayuda se necesita para mantenerse en ese nivel. Culpo a todas las revistas que nos mostraron las treinta y nueve maneras de preparar y cocinar un pavo para el Día de Acción de Gracias, pero no mencionaron pedirle a tu hermana que se quede contigo la noche antes a fin de que haya alguien allí para ayudar con el bebé mientras tú cocinas para la familia. Culpo a todas las películas de Nancy Meyers con aquellas casas de ensueño y esos armarios todos blancos. Claro que sí, ella nos mostraba la alocada dificultad de mantener una relación, pero ni una sola vez mostró al equipo de personas necesario para mantener limpias esas mansiones o esos huertos orgánicos tan cuidados mientras nuestra heroína estaba construyendo su imperio de servicios de cáterin.

Probablemente solo hayas visto ejemplos tanto en la vida real como en la pantalla de mujeres que lo hacen todo. Me parece que las mujeres intentan manejar por sí mismas todas las cosas y no admiten cuánto están batallando, o peor aún, tienen ayuda, todo tipo de ayuda, y no se hacen responsables de aceptarlo. Madeleine Albright dijo en una ocasión: «Hay un lugar especial en el infierno para las mujeres que no ayudan a otras mujeres».[1] Bueno, yo digo que hay un lugar especial en el infierno para las mujeres que tienen el lujo de tener ayuda, pero no admiten ante otras mujeres que la tienen.

Hace un par de años atrás estaba viendo un segmento del programa *Today Show* y había allí una celebridad famosa compartiendo su nueva línea de productos. Esta mujer tenía hijos pequeños y un esposo cuya carrera profesional era tan lucrativa y demandante como la suya propia. En realidad, me gusta mucho esta persona. Es muy hermosa, y parece ser genuinamente una buena mamá y esposa. Se ha hecho un nombre importante para sí misma en el espacio del estilo de vida. Se ha convertido en la mujer que muchas mamás y amas de casa quieren ser. Sin embargo, cuando le preguntaron durante el curso de la entrevista cómo puede «hacerlo todo» —por ejemplo: ¿cómo se las arregló para desarrollar este negocio multimillonario y también educar bien a sus hijos y ser una esposa estupenda?— ella miró directamente a quien la entrevistaba y dijo algo parecido a: «Bueno, es que soy súper organizada».

Me quedé boquiabierta, amigas. Y entonces pasó a explicar que cualquier mamá puede hacer lo que ella hace si se aplica y trabaja duro.

Quedé tan decepcionada por su respuesta, que quería llorar. Sinceramente, quería llorar como una niña. Porque sucedió lo siguiente: esta mujer tiene una plataforma inmensa, diez veces más grande que la mía, y aquella mañana en particular no puedo imaginar cuántas mujeres la estaban viendo, la admiraban y esperaban recibir de ella alguna guía o inspiración. Y ella lo evadió. Tenía la oportunidad de decirnos a todas lo que se requiere realmente para vivir la vida y tener un negocio a ese nivel a la vez que estás criando a tus hijos, y no la aprovechó.

Hay un cero por ciento de posibilidad —un CERO por ciento de posibilidad— de que ella no tenga ayuda. Al haber pasado años y años trabajando con celebridades, supongo que ella tiene una asistente y al menos una niñera, si no es que dos. Tiene que tener una asistente, y debido a su nivel de celebridad, apuesto a que ella y su esposo incluso tienen un equipo de personal doméstico del más alto nivel del cual quizá tú ni siquiera hayas oído antes. Cosas como «gerentes del hogar» y «chef nutricionista». ¿Y sabes qué? ¡Bien por ellos! No les envidio ni un solo segundo de su ayuda. Me gustaría simplemente que hablaran sobre ello. Al no hablar sobre este asunto, corren el riesgo de que no se te ocurra *a ti*. Si ves en Instagram su cena perfectamente preparada cuando sabes que ella estuvo todo el día en una sesión de fotografías (porque lo viste en su señal en directo), eso podría hacer que te sientas mal, porque tú batallas para tener la cena sobre la mesa incluso al estar en casa todo el día. Quizá no se te ocurra que una asistente o un chef la ayudaron a preparar esa cena, lo cual perpetúa el mito de que también tú podrías «hacerlo y tenerlo todo» si tan solo te esforzaras más.

¡Esa es una mentira que sale del pozo del infierno de las celebridades!

Amigas, las mujeres que operan a los niveles que a ti te gustarían, tanto en lo personal como en lo profesional, piden ayuda. Quizá esa ayuda viene de su cónyuge. Quizá esa ayuda viene de su mamá o su hermana. Tal vez esa ayuda viene en la forma de una alumna de la universidad local que cuida de los niños, o una limpiadora local que limpia sus baños una vez al mes. Hay muchísimas maneras de conseguir ayuda, pero para comenzar tenemos que entender lo que se requiere desde un principio antes de poder dar el paso siguiente. Nadie lo hace sin ayuda. Cuando lo digo con tanta claridad, parece tener sentido común, ¿no es cierto? Pero entonces nos encontramos con términos como *hecha a sí misma* y comenzamos a preguntarnos si es a eso que deberíamos apuntar.

Me encanta el término *hecha a sí misma*, particularmente cuando se utiliza en referencia a mi propio éxito, porque solo yo sé cuánto trabajo fue necesario para llegar desde allí hasta aquí. Fui yo quien se levantaba antes del amanecer. Fui yo quien acumuló todas las millas en viajes de negocios. Fui yo quien lloraba por las ganancias y pérdidas y estaba estresada por poder pagar los salarios. Yo, yo, yo. Durante años me aferré a ese título y a la idea de hacerlo todo yo sola, porque me avivaba y me ayudaba a seguir adelante cuando sentía que ese viaje emprendedor era muy solitario. Sin embargo, en los últimos años he entendido algo. Me he hecho a mí misma... y al mismo tiempo no.

Fue solo recientemente que entendí que nadie en verdad se ha hecho a sí mismo, porque es imposible construir cosas completamente solo. Todo un equipo de personas me ayudó a desarrollar mi empresa durante la última década. Una tribu inmensa (que comenzó como un puñado de seguidoras) les habló a sus amigas sobre mi trabajo y siguen siendo la brigada publicitaria más estupenda que conozco. Fueron necesarios familiares, y niñeras, y cuidadoras para ayudar a mantener a flote a nuestra familia durante las épocas en las que yo tenía que trabajar horas extra. Fue necesario mi esposo como mi mayor animador, que celebraba mis victorias y cubría mis pérdidas tanto financieras como emocionales durante aquellos primeros años.

Fue necesaria una aldea, y sigue siendo necesaria una aldea. Fue necesario que yo levantara mi mano y pidiera ayuda. «Oye, cariño, ¿me puedes ayudar a cuidar a los niños este fin de semana para que yo pueda terminar el trabajo?».

«Oigan, amigas de Instagram, ¿pueden compartir esto en sus redes sociales para hacerle saber a la gente sobre este libro que escribí que se titula *Party Girl*?».

«Oiga, gerente en el trabajo, puedo cumplir con todas sus prioridades, pero no sin otro miembro en el equipo o una prórroga de la fecha de entrega. Soy solo una persona».

Cuando quise entrenar a fin de prepararme para un medio maratón, le pregunté a alguien en el equipo de Dave en el trabajo si quería ser mi entrenador. Lo único que sabía sobre él era que era corredor de maratones. Ken me enseñó todo lo que sé sobre correr largas distancias.

Cuando quise escribir aquel primer libro, mi mamá venía a la ciudad muchos, muchos fines de semana y ayudaba con los chicos para que yo pudiera escribir. Ella se aparecía en nuestro cuarto en el piso de arriba con aperitivos casi en el momento exacto en que yo estaba preparada para lanzar la computadora contra la pared.

Cuando esta empresa que he desarrollado comenzó a hacerse tan grande y con tanta rapidez que ya no era capaz de dirigirla yo sola adecuadamente, me tragué una cantidad inmensa de ego y le pedí ayuda a mi esposo. ¿Sabes cuánto me enorgullecía por ser una fundadora y directora general teniendo solamente educación de secundaria? Mucho. ¿Sabes cuán interesada estaba yo en admitir ante él, o ante mí misma, o ante los demás, que no podía seguir liderando la empresa y liderando esta tribu simultáneamente? No tenía ningún interés. No obstante, lo cierto es que he aprendido a lo largo de la última década cuán fácil es agotarte, o peor aún, abandonar tu sueño, porque intentas hacer demasiadas cosas a la vez. Por lo tanto, he aprendido. Y pido ayuda.

Tengo ayuda, amigas. Caramba, tengo mucha ayuda, y siempre estoy buscando maneras de dejar libre más de mi tiempo para poder enfocarme en mis valores.

La gente me pregunta todo el tiempo cómo lo «hago todo», y me alegra gritarlo desde los tejados. ¡Yo no lo hago todo!

Tenemos una niñera a tiempo completo, y hemos tenido una desde que nuestro hijo mayor tenía tres meses de edad. Debido a las mudanzas o los hijos adicionales añadidos a nuestra familia, hemos tenido tres niñeras por separado (aunque no a la misma vez) en nuestra historia como familia. Estas mujeres (Martha, Jojo, y ahora Angie) han amado bien a mis hijos y han hecho posible que yo siguiera mi carrera mientras Dave seguía la suya. Llegaban temprano y se quedaban hasta tarde. Nos permitían tener una cita nocturna a la semana, y ocasionalmente se quedaban en la noche para que nosotros pudiéramos salir. Nunca hemos tenido a familiares cerca que pudieran ayudarnos con los niños, y estas mujeres eran nuestra familia suplente. No puedo imaginar cómo nos las hubiéramos arreglado sin ellas.

Hace tres años atrás contratamos a una asistente. A tiempo completo. Habíamos hablado y planeado durante años poder llegar hasta el punto económicamente hablando en el que pudiéramos permitirnos una asistente a jornada completa, ¡y es el mayor lujo en nuestra vida! Mientras más hijos teníamos, menos queríamos pasar nuestras noches y fines de semana lavando la ropa y limpiando pisos. También deseábamos tener ayuda con las cenas y la compra, y a alguien que pudiera llevar a lavar nuestra camioneta.

Tengo una asistente en el trabajo y también un equipo de personas en Hollis Company que me apoyan en mis tareas de negocios. Utilizo a estilistas para escoger ropa que me siente bien cuando acudo a eventos de alfombra roja o programas de televisión. Acudo a peluqueros y maquilladores cuando voy a estar en televisión, y algunas veces una mujer ha venido a mi casa y me ha rociado con un spray bronceador en mi cuarto de baño. ¡Ella tenía una carpa desmontable; pensé que era mágico!

Si toda esta ayuda parece excesiva, te retaría a que la sopesaras contra el nivel de contenido que he sido capaz de sacar al mundo en los últimos cinco años. No habría podido hacer ni una décima parte de ese trabajo si no hubiera tenido ayuda. Si toda esta ayuda parece innecesaria, entonces, caramba, amiga, tú no tienes que ir a toda máquina como lo hago yo, pero por favor, ¡enséñate a ti misma a levantar tu mano y admitir dónde estás batallando!

No necesitas estar en un lugar financiero específico para obtener ayuda: puedes ponerte de acuerdo con una amiga o sencillamente pedirle más apoyo a tu cónyuge. Lo que *sí necesitas* es estar en un lugar emocional específico para obtener ayuda; lo que tienes que entender es que mientras estás abriendo un camino nuevo para ti misma, no se requiere de ti que lo transites a solas.

El punto en toda esta larga y loca conversación es que si batallas con admitir que necesitas ayuda, tienes que darle un buen vistazo a lo que se requiere para llevarte al siguiente nivel. Si hay involucrado un compromiso de horario y ya tienes la sensación de no tener el tiempo suficiente, podrías necesitar pedir ayuda. Si hay implicado un nivel de conocimiento que todavía no tienes, tal vez necesites encontrar a un maestro. Si hay involucrado un nivel de promoción, podrías necesitar preguntarles a tus clientes actuales si estarían dispuestos a ayudarte a sacarlo al mundo.

Escuché una vez que la mayoría de las personas que mueren ahogadas con alimentos lo hacen estando muy cerca de alguien que podría haberlos salvado. Es una realidad terrible. Lo que sucede es que están sentados en una mesa comiendo con un grupo, y cuando comienzan a ahogarse, sienten vergüenza por estar batallando. Inevitablemente se levantan de la mesa, y cuando sus amigos les preguntan si están bien o necesitan ayuda, les hacen señas como si todo fuera bien. Se van a otra habitación a fin de que su lucha no sea una molestia para nadie. Únicamente cuando están a solas y en realidad batallan por respirar es cuando entienden que necesitan ayuda, pero entonces es demasiado tarde.

Amiga, tus batallas no significan que seas débil; significan que eres humana. Tu inexperiencia no significa que no tendrás éxito; solo significa que no lo has tenido aún. Deja de fingir. Dejar de sufrir en silencio. Deja de presentarte como una mártir. Deja de hacerlo todo tú sola y después sentirte amargada por ello. Deja de desperdiciar tu tiempo en actividades que aborreces como penitencia por el tiempo que quieres para ti misma.

No puedes hacer suficientes tandas de lavado para conseguir que tu esposo apoye tu sueño. No puedes ofrecerte voluntaria las horas suficientes en la iglesia para lograr que tu hermana entienda tus metas. No puedes ganarte tu camino hacia la autonomía de tu propia vida; es un derecho humano que se te otorgó cuando te hiciste adulta. Si necesitas hacerlo, *cuando necesites hacerlo*, levanta tu mano y pide ayuda, independientemente de lo que cualquier otra persona piense al respecto.

Hay cientos de maneras de aprender a nadar y una manera muy fácil de ahogarse, y es al no estar dispuesta a admitir desde el principio que te estás ahogando.

CONDUCTA 5:

CONSTRUIR FUNDAMENTOS PARA EL ÉXITO

Pasé años hablándoles a las mujeres sobre cómo alcanzar el crecimiento sin darme cuenta de que muchas de ellas no tenían un fundamento sólido para estar a la altura de sus metas incluso si se sentían motivadas. Lo cierto es que no importa que estés motivada para alcanzar una meta si tu vida diaria va a sabotearte antes de poder llegar muy lejos. Esta falta de fundamento ni siquiera era algo a lo que le puse nombre hasta que comencé a profundizar en las razones que enumeraban las mujeres de por qué estaban teniendo tantos problemas. Las cosas que necesitamos tener en su lugar antes de poder perseguir nuestros sueños no son en las que pensamos a menudo en relación con el éxito. Normalmente, solo pensamos en ellas como partes de la vida. No obstante, si no tenemos claros estos elementos fundacionales desde el principio, querer alcanzar cualquier otra cosa puede parecer muy poco probable.

Tenemos que hacer el trabajo inicial necesario si queremos avanzar en otros aspectos. Necesitamos situarnos en posición de ganar.

Piénsalo de este modo. Eres como una jarra. Escuché esto en una ocasión y pensé que era la mejor analogía que se hubiera pensado. Imagina que eres una jarra de vidrio y estás erguida, y alguien derrama agua en ti. Esa agua es todo lo que podrías necesitar posiblemente para sobrevivir, de modo que tú, como jarra de cristal, estás llena de vida, energía, nutrientes, amor y alegría: todas las cosas buenas.

Sin embargo, las mujeres con frecuencia no pensamos en nosotras mismas tanto como nos preocupamos por todos los demás, de modo que lo intentamos y nos inclinamos. Movemos nuestras jarras hacia adelante y hacia atrás y de un lado a otro, de modo que las cosas buenas que estamos recibiendo se derraman a quienes nos rodean. Les damos una parte a nuestros hijos, o a nuestros compañeros de trabajo, o a nuestros padres o nuestras amistades. Seguimos inclinándonos hacia todos los lados. Nos inclinamos un poco aquí, derramamos un poco de agua allá, y finalmente... la jarra se cae y se rompe en mil pedazos. Empleamos tanto esfuerzo intentando ocuparnos de los demás que nos destruimos a nosotras mismas en el proceso.

No obstante, aquí está lo increíble. Si eres una jarra y te mantienes erguida y orgullosa sobre un fundamento sólido y firme, si asimilas todas las cosas que se derraman dentro de ti, ¿qué le sucederá finalmente al agua que hay en la jarra? Rebosará y se derramará hacia todos los que te rodean.

Sé que esta es una de las cosas que escuchamos todo el tiempo, y quizá piensas: «Sí, lo entiendo».

Estoy aquí para decirte que no, no lo entiendes. ¡No lo entiendes! Te estoy desafiando en este momento. Si te sientes incómoda, si tienes dolor, si estás cansada, si estás ansiosa, si estás deprimida, si estás sufriendo de cualquier manera, no estás erguida firmemente sobre un fundamento sólido y fuerte y permitiendo que tu jarra rebose. No te estás situando en el lugar para el éxito. Pero puedes hacerlo. Y aquí tenemos algunos pasos tangibles que puedes dar para hacer precisamente eso.

LLEVA UNA VIDA SANA

No se me ocurre nada que sea tan importante para asegurar el éxito como sentirte estupenda física y emocionalmente. Sin duda es posible alcanzar una meta incluso cuando no estás operando al máximo nivel, pero es mucho más difícil de lo que tiene que ser. Puedes conducir con un neumático pinchado, pero cuando el auto está a punto y el tanque de la gasolina está lleno, puedes volar. Durante la última década he trabajado muy duro para llegar a estar sana física y emocionalmente, y aunque el camino desde aquel lugar hasta aquí estuvo lleno de consciencia personal y trabajo duro (y montones de terapia), hay un puñado de cosas prácticas que he identificado como transformadoras para la salud que también tú puedes implementar. Son las cinco cosas que cambié en mi vida con los años y me hicieron físicamente capaz de perseguir todos mis grandes sueños. Aquí están los «Cinco para prosperar» que mencioné anteriormente.

1. Hidratación

Bebe la mitad de tu peso corporal en onzas de agua cada día. Hagamos una operación matemática fácil. Digamos que pesas cien libras. Vas a dividir por la mitad esa cantidad: cincuenta. De modo que deberías beber cincuenta onzas de agua cada día para mantenerte hidratada. En este punto siempre me hacen la misma pregunta: ¿No significa eso que tienes que ir al baño constantemente? Sí, ese es el punto. Elimina de tu cuerpo todas las cosas malas.

La hidratación es importante por muchas razones, pero es especialmente importante para aquellas que están batallando para bajar de peso. Estar deshidratada se parece mucho a tener hambre. Es posible que no tengas hambre, sino que tengas sed, pero tu cerebro no conoce la diferencia, razón por la cual batallas tanto con el control de las raciones. Prueba a beber una botella de agua y después ver si aún necesitas ingerir comida.

O tal vez podrías pensar: «Quiero esta meta. Quiero este plan. Quiero tener una vida mejor. Quiero ser ascendida. Quiero hacer esto». Sin embargo, no tienes la energía, sigues abandonando tus sueños y nada parece estar funcionando. No entiendes por qué, pero tampoco has bebido agua desde el martes pasado, y eso fue solo porque entró agua en tu boca cuando te cepillaste los clientes.

La hidratación es uno de esos elementos fundamentales para el éxito, de modo que siempre que alguien quiera comenzar un nuevo plan, cualquiera que sea, le recomiendo comenzar con este pequeño paso. Sencillamente bebe agua, y cuando hayas abordado eso y sea ya un hábito, te sentirás preparada para pasar a cosas más difíciles.

2. Despiértate más temprano

Lo segundo que vas a hacer al establecer un entorno físico más sano es levantarte una hora más temprano y utilizar ese tiempo para ti misma. Creo que esto es especialmente poderoso para aquellas que son mamás. Sé que no debería hacer generalizaciones sobre las familias de otras personas, pero voy a mantenerme firme en esta idea.

Si tu hijo te despierta en la mañana, estás fastidiada. Lo estás. Ya vas retrasada. Si el bebé está llorando o un niño pequeño te despertó pidiéndote cereales, estás comenzando tu día a la defensiva en lugar de hacerlo a la ofensiva. Esa hora extra en la mañana antes de que se despierte tu familia es clave; lo es todo.

¡Este es el tiempo para aquellas que dicen que no tienen nada de tiempo para sí mismas! Si quieres hacer ejercicio, si quieres leer un libro, si quieres orar, si quieres escribir tu primera novela, si quieres tener el tiempo para perseguir tus metas, levántate una hora más temprano.

Ahora bien, inevitablemente cuando hablo sobre despertarte una hora más temprano siempre recibo algunas notas de mujeres que dicen algo parecido a lo siguiente: «Tengo un bebé de seis semanas y estoy batallando para despertarme una hora más temprano, porque solamente conseguí dormir dos horas anoche».

¿De qué estás hablando ahora? ¡¿De qué, por Dios santo?! Si tienes un bebé menor de nueve meses, este número en la lista no es para ti. Espera hasta que sea un poco mayor y entonces inténtalo. Sé misericordiosa contigo misma. Me encanta que estés intentando impulsarte hacia algo nuevo, pero estos no son ajustes que puedas hacer si actualmente estás experimentando un cambio de vida tan inmenso. Por lo tanto, si tienes un bebé muy pequeño, este punto no es para ti.

Quizá lo que estés pensando es: *Soy médico, y ya me levanto a las tres de la mañana*. Bueno, vaya, sin duda alguna no quiero que te levantes a las dos de la mañana. Pero quizá en tu caso este paso se parezca a encontrar algún tiempo para ti misma más adelante en el día. Vamos, amiga. Estamos buscando sacar una hora de tiempo en algún momento a fin de perseguir lo que hay en tu corazón. Eso es lo único que quiero que hagas.

Si no puedes sacar ni una hora libre, no tienes una vida.

Hago enojar a la gente cuando digo eso. Piensan: «¡Tú no me conoces! ¡No conoces mi horario!». Tienes razón. No te conozco, pero lo que sí sé es que si no puedes sacar ni una sola hora para *ti misma* en un periodo de veinticuatro horas, necesitas revisar tus prioridades. Necesitas preguntarte a ti misma qué estás haciendo con tu tiempo.

3. Abandona *una* categoría de alimentos durante treinta días

Por lo tanto, vamos a beber agua, vamos a levantarnos una hora más temprano, y después vamos a enfocarnos en la nutrición con esta fácil eliminación. Quiero que abandones un alimento. Una categoría de alimento poco sano, durante treinta días. ¿Has oído alguna vez ese dicho de que si puedes renunciar a algo durante un mes se convierte en un hábito? Bueno, quiero que hagas un hábito de no comer basura. La basura en esta ocasión es la comida rápida, los alimentos procesados, ¡o cualquier cosa que fabrique Krispy Kreme! Y ni siquiera quiero que renuncies a todo o que comiences una dieta nueva, porque eso puede ser abrumador, particularmente si también estás intentando perseguir una meta. Tan solo quiero que escojas una diminuta categoría... y después la evites como si fuera una plaga bíblica.

Si puedes renunciar a algo, verdaderamente renunciar a ello sin «engañar», se convierte en un hábito. Aborrezco decir la palabra *engañar*, pero si quebrantas esta promesa hecha a ti misma, ya es suficiente. No permanecerá. Para la mayoría de las cosas en la vida, si te equivocas probablemente diré tan solo: «Levántate, levántate, levántate». Pero si no puedes mantener este número, tienes que comenzar de nuevo al principio de tus treinta días.

El reto para ti es: ¿no puedes mantener durante un mes una promesa que te has hecho a ti misma? Ni siquiera me importa si la sustituyes por otra cosa. No me importa si dices: «Bueno, no puedo beberme una Coca-Cola, de modo que voy a beber limonada, la cual está llena de azúcar, pero bueno, ¡al menos no está llena de sustancias químicas!». Esto no se trata de lo que dejas; se trata de demostrarte a ti misma que puedes mantener tu palabra. Y de demostrarle a tu estómago que puede sobrevivir sin salsa de Chick-fil-A durante un periodo de tiempo largo.

4. ¡Mueve tu cuerpo cada día!

Por lo tanto, vas a beber agua, vas a despertarte una hora más temprano, vas a renunciar a una categoría de alimento durante treinta días, y vas a mover tu cuerpo. No, no tienes que hacer CrossFit ni apuntarte para un campamento de entrenamiento donde te gritan durante una hora. Me refiero a no hacerlo a menos que sea eso lo que te gusta. No obstante, sí necesitas mover tu cuerpo durante treinta minutos cada día. Y déjame decirte esto ahora mismo: si no puedes encontrar el tiempo, la energía y la fuerza de voluntad para mover tu cuerpo durante treinta minutos al día, siete días por semana, tenemos un problema. Tenemos un problema realmente grande. No te estoy pidiendo que corras un maratón; te estoy pidiendo que te muevas.

Sé que hay cien millones de distracciones que te alientan a tumbarte y ver televisión o mirar tu teléfono, pero si eso es lo único que haces en el tiempo de descanso, estás agotando su propia energía. No tienes que tener cierto tamaño o cierto peso, pero sí tienes que tener energía. Eres un animal fenomenal. Un animal como un guepardo, un antílope o una loba. No hay ningún animal con sobrepeso en la naturaleza; eso no es un problema. Los únicos animales con sobrepeso que existen son los que viven en nuestras casas con nosotros. Los animales no tienen sobrepeso; las mascotas tienen sobrepeso. Tú no eres una mascota. Tú eres una mujer poderosa, hermosa y valiente, y te tratarás a ti misma como tal.

Se han realizado estudios sobre quienes se desempeñan al máximo rendimiento, las personas que son las mejores deportistas, las mejores mujeres de negocios, las mejores del mundo. De todas las personas que se desempeñan al máximo nivel, aproximadamente un noventa y siete por ciento (no me lo invento, puedes consultarlo) hace ejercicio al menos cinco días por semana. No es porque esas personas recibieran unos genes especiales de ejercicio que tú no tienes. Es porque esas personas saben que la energía engendra energía. ¿Quieres alcanzar tu meta? Ponte en movimiento durante esos treinta minutos cada día, y asegúrate de que tu cuerpo esté preparado para actuar según la visión que tienes para tu vida.

5. Practica diariamente la gratitud

La quinta cosa que quiero que hagas se puede decir que es la más importante. Cada día voy a pedirte que escribas diez cosas por las que estés agradecida. Anótalo en tu teléfono, escríbelo en un diario, como quieras hacerlo, pero tómate doce minutos y enumera esas cosas. No enumeres cosas grandes, como que estás agradecida por tu cónyuge o estás agradecida por la capacidad de respirar. Escribe cosas que sucedieron hoy mismo. Cosas como lo buena que estaba tu taza de café. O que alguien te dejó pasar en la autopista cuando había un tráfico pesado. O que pudiste ver a una amiga, o que tu hijo de cinco años te contó un chiste horrible y te reíste aunque no era divertido. La idea es que si sabes que al final del día vas a tener que enumerar puntos de gratitud, pasarás el día buscando bendiciones. Si pasas tu día buscando bendiciones —aquí está la magia— las encontrarás.

Cuando vives tu vida en un estado de gratitud, eso lo cambia todo. Desde un lugar en el que nos sentimos inmensamente bendecidas, vemos posibilidades inmensas; creemos que las cosas buenas son posibles y quizá incluso nos sucedan a nosotras. Cuando se trata de establecer el fundamento para tener éxito, ayuda si crees que tu éxito es probable. Si no haces otra cosa de esta lista, haz solamente esto.

Si sientes que no puedes hacer las cinco cosas, solo intenta esta última sobre la gratitud y hazla con regularidad durante un mes. Te sugiero un mes porque en mi propia vida he descubierto que si puedo hacer cualquier cosa regularmente durante treinta días, eso permanece. Cuando practiques la gratitud de manera habitual durante un mes, añade el agua, y después quizá el ejercicio. Se trata de situarte en un lugar para el éxito. Sin duda puedes perseguir tus metas cuando estás batallando física o emocionalmente, pero cuando te estás cuidando a ti misma, tienes la energía exponencial para seguir adelante con tu visión.

PON EN ORDEN TU ESPACIO PERSONAL

Ser una niña pequeña en una casa que a veces era un caos significaba que crecí sintiéndome con frecuencia poco segura. No obstante, lo que sí podía controlar era mi cama, de modo que hacía mi cama cada día. Cuando crecí y tuve mi primer apartamento, estaba en una parte espantosa de la ciudad. De hecho, era en realidad un apartamento espantoso en una parte de la ciudad espantosa, pero ese apartamento estaba siempre limpio. Eso era algo que yo podía controlar.

Tu hogar es algo que puedes controlar. De todas las cosas en tu vida, esta es la única a la que tienes el acceso más fácil. Hace años estaba viendo el programa *The Oprah Winfrey Show*, y ella dijo: «Tu hogar debería levantarse para recibirte». Si tu hogar parece un caos o está sucio o desorganizado, necesitas despertar. Si sigues mirando Instagram, viendo las vidas bonitas de otras mujeres para así no tener que reconocer que la tuya es un caos, necesitas despertar. Tu hogar es un reflejo de lo que sucede dentro de tu cabeza y tu corazón. Si sientes que la vida está fuera de control, comienza a tomar el control en tu entorno inmediato.

Sé que hay personas leyendo estas palabras que no tienen un hogar, que no tienen acceso a todo, que tienen un espacio diminuto rodeado por un mar de caos. A ti te diría: cuida de los espacios que son tuyos, ya sea tu cama, tu auto o tu escritorio en el trabajo.

Organiza tu vida. Mantén limpios tus espacios. Haz algún esfuerzo para mejorar su aspecto. Estas cosas hablan de respeto por uno mismo y de establecer ciertas normas para ti, tu vida, tus hijos. Eso no cuesta dinero. El respeto por uno mismo no cuesta nada más que esfuerzo. Limpia.

Otra cosa que quiero que tengas en mente sobre tus espacios personales es que no solo tienen que estar organizados y limpios, sino que también necesitan estar llenos de recordatorios de la ambición que tienes para tu vida futura. Cuando yo abro las puertas de mis armarios, tengo boletines con fotografías que reflejan mi visión mayor para el futuro, porque quiero recordarme cada día a mí misma hacia dónde voy. Utilizo imágenes y palabras; mi auto, mi oficina e incluso el espejo del baño están llenos de palabras y citas que me inspiran. Todo este capítulo habla de situarte a ti misma para alcanzar el éxito construyendo un fundamento sólido y firme. Los espacios que habitas pueden ser la plataforma sobre la que construyes una nueva vida, o pueden ser el ancla que no deja de arrastrarte de nuevo bajo las olas.

CONSTRUYE UNA COMUNIDAD ESTUPENDA

Tú eres una combinación de las cinco personas con las que más estás. Piénsalo. ¿A quién ves con más frecuencia? ¿Las palabras de quiénes escuchas más a menudo? ¿De quiénes son los puntos de vista y las percepciones que recibes con regularidad? ¿Hay alguien entre esas cinco personas con quien interactúas habitualmente y que está sobre ti en la vida? Quiero decir, ¿hay algo en esa persona a lo que tú quieres aspirar? ¿Tiene habilidades o características que te sentirías orgullosa de adoptar? Cuando estás con esas personas, ¿hay algún área en tu vida hacia la que ellas van a impulsarte?

Si eres la persona más inteligente en la sala, estás en la sala equivocada. Si eres la más enfocada en el crecimiento en tu grupo de amistades, si eres la mayor triunfadora, si eres la persona más compasiva, si sacas lo mejor de todos, estás en la sala equivocada. Deberías querer rodearte de personas que sean mejores que tú en las áreas que quieres mejorar. Deberías esperar que tus cosas buenas influyan en ellos y sus cosas buenas influyan en ti. Pero si todos en tu círculo te miran a ti para sentirse motivados, estás sobrepasada. Es mucho más probable que ellos te arrastren hacia su nivel en lugar de que tú los arrastres a ellos hacia el tuyo.

Vale la pena decir aquí que no estoy sugiriendo que abandones las relaciones que tienes simplemente porque alguien no esté tan avanzado como lo estás tú o tan enfocado en el crecimiento. *Estoy* sugiriendo que te asegures de relacionarte regularmente con personas que estén liderando la carga en un área en la que tú quieres crecer.

Yo quiero estar con otras mujeres o con otras parejas que sean ejemplos de las características que querría tener como mamá, como esposa, como una mujer en los negocios y como amiga. Si quieres crecer en tu carrera profesional, pero todas tus amigas siguen viviendo en casa y no tienen planes de hacer mucho más con sus vidas, ¿hasta dónde van a poder apoyarte? Si tus amigas, las que te aconsejan, no creen en el matrimonio, ¿cuántos buenos consejos van a ofrecerte para el tuyo?

Recuerdo un verano que nos encontrábamos de vacaciones en Hawái, y fue durante un periodo realmente difícil en nuestro matrimonio. Fui a las vacaciones sintiéndome ya frustrada con Dave, y pasar tanto tiempo juntos solo hizo que esa frustración se agudizara. Estaba tan molesta con él, que eso influyó en cada parte de aquellas vacaciones. Aproximadamente a la mitad del viaje llegaron a visitarnos algunas de mis mejores amigas, y yo fui a recogerlas al aeropuerto. Había estado esperando durante días, pensando: *Estupendo, llegan mis amigas y voy a hablarles del ser humano tan terrible que es este hombre, y ellas van a decirme: ¡Sí, que lo fastidien!* Además, son lesbianas, así que pensé que se inclinarían incluso más hacia esa diatriba de que «los esposos son lo peor» que había estado dando vueltas en mi cabeza. ¡Tenía todo un plan!

Entonces entramos en el auto, donde yo comencé a dar a conocer todas mis frustraciones. Dios bendiga, en serio, Dios bendiga a esas mujeres, porque de inmediato comenzaron a hablar verdad sobre lo que yo querría para un matrimonio. Ellas me recordaron cómo se ve la misericordia y que todos tenemos momentos difíciles. Me recordaron que cuando las cosas se ponen más complicadas, es entonces que deberíamos ir en busca de nuestro cónyuge. Me recordaron quién quiero ser yo.

Ahora bien, si me hubiera metido en ese auto con buenas amigas que fueran personas con puntos de vista totalmente opuestos a lo que es tener un matrimonio fuerte y hermoso, nos habríamos bajado del mismo con unas ideas totalmente diferentes. Ellas habrían avivado las llamas de mi enojo; habrían hecho que la situación fuera peor. Hubiera sido muy fácil hacer eso.

¿Están tus amigas impulsándote hacia arriba o arrastrándote hacia abajo?

Eres una combinación de las cinco personas con las que más estés. Escoge sabiamente.

DESARROLLA HÁBITOS ESTUPENDOS

Para llegar desde donde estaba hasta donde quería estar, tuve que aprender sobre los hábitos. Tuve que aprender a cambiar los malos hábitos que había estado practicando, y tuve que aprender a desarrollar los buenos hábitos que necesitaba para avanzar. Muchas personas piensan que una sola cosa, una oportunidad, va a hacer que sean un éxito en todo. La realidad es que el éxito llega solo haciendo cincuenta cosas una, y otra, y otra vez. La intensidad no es tan importante como la regularidad. Lo que ocurre con la regularidad es que lo haces durante un tiempo y parece que no sucede nada. No sucede nada, no sucede nada, y entonces de repente piensas: *Caramba, ¡¿de dónde salió eso?!*

¿Qué hábitos tienes en este momento que van a ayudarte a llegar a donde quieres ir? Tener una buena vida se trata de desarrollar buenos hábitos. Sin embargo, ¿qué es exactamente un hábito? Un hábito es una serie de tres cosas:

1. Una indicación
2. Una acción
3. Una recompensa

Una indicación significa que algo sucede. Es un desencadenante para ti. Le indica a tu cerebro que es momento de empezar la acción. Entonces, cuando emprendes la acción (totalmente de modo inconsciente, a propósito), se te da algún tipo de recompensa. Una indicación, una actividad, una recompensa.

Por ejemplo, pasé muchos años comiendo emocionalmente. Cuando comes emocionalmente, cada tipo de emoción es una indicación para comer algo. Si estás triste, comes. Si estás contenta, comes. Si estás ansiosa, deberías comer. Si estás enojada, deberías comer y después deberías disfrutar unas galletas Oreo. Yo había aprendido a lo largo del camino que la comida era lo único a lo que tenía acceso fácil y me haría sentir mejor. Por lo tanto, cuando me convertí en adulta, siempre que sentía ansiedad o temor iba a la cocina a las once en punto de la noche y me daba un festín con todo lo que encontraba.

Mi indicación era sentirme ansiosa, mi actividad era comer, y la recompensa era que me sentía mejor. Durante un periodo breve de tiempo me sentía eufórica por comer toda esa comida y esa euforia me hacía sentir feliz. No obstante, el problema con la mayoría de los hábitos terribles es que, cuando la euforia debida a tu recompensa comienza a desvanecerse, en realidad vuelve a desencadenar la indicación. Por lo tanto, en mi caso, me comía una bolsa entera de galletas Ritz y medio frasco de crema de queso, y eso me hacía sentir muy bien. Entonces pasaban veinte minutos y comenzaba a pensar: *¡Eres un desastre! Fastidiaste tu dieta. Has estado trabajando muy duro y acabas de tirarlo todo por la borda. Eres una basura.* Esa charla negativa comenzaba, y después yo pensaba: *Bueno, qué rayos. Ya estamos aquí; vamos a comer un postre.* Y entonces me comía un postre y volvía a sentirme muy bien otra vez, pero finalmente volvía al principio.

Tenía un desencadenante una, y otra, y otra vez, hasta que finalmente entendí que el problema no era el estrés; el problema era la actividad que yo decidía inconscientemente cuando había indicación de estrés. No podía cambiar que la vida seguía adelante y habría ocasiones en las que me sentiría asustada, triste o ansiosa. Sin embargo, lo que podía cambiar era la acción que yo llevaba a cabo como respuesta a esa indicación.

Ahora, cuando tengo ansiedad, salgo a correr, hago ejercicio. A propósito, solía aborrecer a las personas que decían: «Si te sientes estresada, haz ejercicio». Yo pensaba: *¡Que te fastidien, Pam! No todas somos así, ¿de acuerdo?* Excepto que tampoco Pam lo es. Ella sencillamente escoge una actividad mejor para manejar lo que siente. Se ha enseñado a sí misma un hábito estupendo.

La ecuación para el cambio en cualquier cosa es siempre muy sencilla. Por ejemplo, es muy sencillo perder peso. Es muy sencillo ponerse en forma. Es muy sencillo ahorrar dinero. Es todo muy, muy sencillo, pero no es fácil ni rápido. No es una recompensa que vas a obtener inmediatamente. Por lo general, tienes que escoger una cosa más difícil en la que la recompensa llega más adelante. El problema con la mayoría de las cosas en la vida es que la actividad que *quieres* realizar —el mal hábito— ofrece una recompensa más rápida que la de aquello que es mejor para ti.

Es difícil hacer cambios debido a que resulta mucho más fácil tener acceso a las malas decisiones que a las buenas. Has creado un hábito de los malos hábitos. Los sientes más naturales para ti. No importa cuál sea tu razón para leer este libro: quizá necesitabas ponerte en forma, quizá querías comer mejor, tal vez querías ser más intencional con tu cónyuge, tal vez querías ser una mejor mamá, quizá querías estar más tranquila, probablemente querías batallar contra tu ansiedad, o tu depresión, o sustituir tu depresión por gratitud y alegría. Tal vez querías alcanzar todas esas cosas, pero es posible que hayas tenido un año, o una década, o toda una vida de estar habitualmente enojada, alejando a las personas, comiendo sin control, abusando del alcohol, ignorando a tus hijos, siendo una adicta al trabajo. Tienes tu propia versión; puedes llenar el espacio en blanco. Tal vez esto te hace pensar que no puedes cambiar las malas acciones por otras buenas, pero sé con certeza que si estás respirando en este momento, si estás viva, eso significa que puedes comenzar de nuevo. Puedes volver a comenzar una, y otra, y otra vez, hasta que la sensación de estar moviéndote en la dirección correcta sea más natural para ti que la sensación de querer abandonar. Cualquier cosa que estés enfrentando, cualquiera que sea tu lucha, cualquiera que sea la montaña que tienes que escalar, cualquier cosa que estés intentando atravesar, hay maneras de apropiarte de eso, y puedes hacerlo cuando lo intentas día a día y estableces una regularidad.

ESTABLECE UNA RUTINA MATUTINA

Lo último de lo que quiero que hablemos a fin de situarnos en la posición para el éxito es acerca de la rutina matutina, siempre importante. Sé que hemos hablado de esto anteriormente en el capítulo, pero es una parte tan importante para establecer un fundamento sólido que me gustaría emplear un poco más de tiempo en este tema y profundizar. Es difícil creer que tener una buena mañana sea un factor tan fundamental a fin de prepararte para el éxito, pero realmente lo es. No creo que yo entendiera esto hasta que tuve hijos. Antes de tener hijos, la mañana era para mí. Yo decidía cuándo quería despertarme. Decidía lo que quería hacer con ese tiempo. ¡Ni una sola vez abría mis ojos y veía a un niño pequeño mirándome fijamente como si fuera un extra aterrador de la película *Los chicos del maíz*! Sin embargo, cuando tuve hijos, de repente había otra persona que dictaba mis mañanas, lo cual supongo que estaría bien si yo hubiera sido una de esas mamás bien organizadas que se las arreglan para dar la sensación de que la educación de los hijos se realiza sin esfuerzo. Pero nuestra realidad era con frecuencia caótica, difícil y frustrante. Sobrevivíamos (a duras penas), y yo conseguía llevar a los niños a la escuela. No obstante, debido a que la mañana era caótica y frustrante, comenzaba casi cada día de la semana sintiéndome caótica y frustrada. Era difícil sacudirme esa sensación.

No fue hasta que comencé la práctica de despertarme una hora antes que mis hijos que entendí cuán poderoso es ir por delante del día. Ahora, planifico intencionalmente mi rutina matutina en cuanto al tipo de vida que quiero tener, porque si te apropias de la mañana, te apropias del día. Si te apropias del día, entonces te apropias de la semana. Esa es la rutina suprema que puedes establecer para ti misma, y la mía está formada por prácticas en las que he trabajado y he remodelado cientos de veces para llegar al comienzo supremo de mis días. La comparto contigo ahora para darte un punto de partida a fin de crear una rutina para ti misma.

1. **Me despierto a las cinco de la mañana.** Nuestros hijos normalmente se despiertan a las 6:45, de modo que yo solía levantarme a las 5:45 a fin de poder tener una hora de tiempo para mí. Pero entonces me di cuenta de que tener solo una hora de tiempo para mí me hacía sentir un poco apresurada. Realmente me gusta el ritual de tomar una taza de café lentamente en la mañana, y no quiero hacerlo de modo apresurado, así que ahora me despierto a las cinco de la mañana y voy a la cafetera (algún día aprenderé a programar ese estúpido aparato). Me bebo un vaso de agua mientras se hace el café, y entonces comienzo a trabajar en mi proyecto actual, cualquiera que pueda ser. Me gusta trabajar temprano en la mañana en grandes proyectos porque generalmente no estoy lo bastante despierta para cuestionarme a mí misma, lo cual significa que hago más progresos.

2. **Después de terminar mi trabajo en la mañana, paso quince minutos meditando sobre la gratitud.** Si nunca antes has hecho meditación, piensa en ello como una oración guiada. En mi caso, utilizo el tiempo para enfocarme en mis bendiciones y así comenzar el día consciente de todas las cosas por las que tengo que estar agradecida.

3. **A continuación, escribo en mi diario.** Este es un hábito realmente rápido de escribir mis intenciones para el día, algunas cosas por las que estoy agradecida, y una afirmación que me recuerda quién quiero ser.

4. **Cuando he logrado hacer algunas cosas, me he tomado mi café, y me he preparado mentalmente para rendir al máximo, es momento de despertar a los vándalos que viven más adelante en el pasillo.** La siguiente hora del día se trata de los niños. Es entonces cuando hacemos el desayuno, nos cepillamos los dientes, nos vestimos para la escuela, preparamos los almuerzos, y todo el mundo sale por la puerta.

5. **Cuando los niños ya están en la escuela, me apresuro a prepararme para el trabajo y siempre, siempre, siempre me preparo oyendo música animada.** Me encanta por completo la música, y la utilizo constantemente para animarme y seguir adelante. En mi baño tengo un aparato Amazon Echo, de modo que puedo darle órdenes mediante la voz para que ponga cualquier tipo de música en cualquier momento. Me encanta poder estar en la ducha y decir: «Alexa, pon "Shake It Off" de Taylor Swift», y dos segundos después estoy cantando al ritmo de la música.

6. **Cuando estoy lista para trabajar, regreso a la cocina a fin de prepararme mi batido verde.** No es delicioso o emocionante, pero está lleno de una tonelada de cosas que son realmente buenas para mí, me mantiene despierta durante horas, y así comienzo mi día de una manera saludable que establece el tono para las horas que vienen después.

7. **Lo último que hago como parte de mi rutina matutina es escribir mi lista de diez sueños y una meta que me hará llegar hasta allí con más rapidez.** 10, 10, 1, ¿recuerdas? Es una manera estupenda de establecer mi enfoque antes de comenzar con mi lista de quehaceres, y me encanta poder tener todo un cuaderno lleno de cosas que me recuerdan quién quiero ser.

DEJAR DE PERMITIR QUE LOS DEMÁS NOS CONVENZAN PARA NO HACERLO

¿Has experimentado alguna vez una situación en la que te sentías motivada, inspirada y preparada para ir adelante hacia tu meta? Quizá estabas enfrascada en tu viaje para perder peso e ibas dando grandes zancadas. Tal vez decidiste regresar a los estudios, o tal vez te entrenabas para ese medio maratón. Cualquier cosa que fuera, estabas dedicada a ello. Y entonces... entonces otra persona se interpuso en tu camino.

Esto puede manifestarse de muchas maneras y por cientos de razones, pero a menudo es algo parecido a lo siguiente: vas muy bien en tu dieta, pero entonces acudes a una reunión familiar y alguien en tu familia (o quizá varias personas) te lo pone más difícil. ¡Pero es una ocasión especial! ¡Pero es Navidad! Pero siempre tomamos margaritas; ¿es que ahora no vas a beber? Y lo cierto es que mantener la dieta durante una fiesta familiar o unas vacaciones es muy, muy difícil. Por lo tanto, cuando te lo hacen pasar mal (en el mejor de los casos) o se burlan de ti sin misericordia (en el peor), permites que las emociones que las personas evocan en ti te convenzan para romper tu dieta.

O tal vez te estás entrenando para tu primera carrera o has decidido volver a estudiar para obtener tu maestría, y al principio las personas que están cerca de ti te apoyan. Volver a los estudios es algo bueno. Hacer ejercicio y ponerte en forma resulta estupendo. Todos a tu alrededor están de acuerdo. Pero entonces comienzas a programar tiempo en tu calendario para trabajar en esas cosas, y a medida que se acerca la carrera tienes que pasar cada vez más horas entrenando. O tal vez se trate de estudiar, o escribir un trabajo para la clase. El tiempo libre que solías tener está dedicado ahora a tu nueva meta. Y las personas en tu vida se sienten apartadas o dejadas atrás, o más típicamente, incomodadas. Esas decisiones que estás tomando por ti misma parecen cada vez más egoístas, y alguien en tu vida habla de eso. «Mira, es realmente muy difícil manejar a los niños yo solo los jueves mientras tú estás en clase». O tal vez: «Solíamos estar siempre por ahí, y ahora tengo la sensación de que ya nunca te veo». Estabas comenzando ya a sentirte culpable por tus decisiones y se hace más difícil con el paso de los días, de modo que te inclinas ante cualquier cosa que haga que otra persona esté contenta. ¡No quiera Dios que se molesten contigo! Es mucho mejor dejar a un lado lo tuyo, tu meta, porque si otra persona se siente incomodada, entonces tu meta no debe ser la correcta.

¿Podemos hablar de eso por un segundo? ¿Podemos hablar de que otra persona se sienta incomodada porque tú persigues llegar a ser tu mejor yo? Quiero sacar a relucir el tema, porque es una pregunta que me hacen muchas veces.

¿Cómo puedo conseguir que mi mamá me apoye más?

¿Cómo convenzo a mi esposo de que cuide a los niños para que yo pueda entrenar?

¿Cómo puedo conseguir que mi novio coma sano para que así sea más fácil para mí mantener el rumbo?

¿Cómo puedo hacer que mi papá apoye mi decisión de cambiar mis asignaturas principales?

El mejor consejo que conozco en esta situación es que si quieres cambiar a otra persona, debes cambiarte a ti misma. Las personas cambian porque son inspiradas por el ejemplo de alguien más, y no porque se vean forzadas a hacerlo. Las personas cambian porque ven en otro lo que es probable, y no porque alguien las hostigue una y otra vez sobre lo que es posible. Nunca podrás cambiar a otra persona a menos que encuentres la valentía, la fuerza de voluntad y la resolución para cambiarte a ti misma, y nunca harás ninguna de esas cosas si no estás dispuesta a permitir que las personas sean incomodadas por tu viaje.

Ser incomodado es parte de cualquier relación. Yo cuidaré de nuestros cuatro hijos sola durante un par de horas el sábado para que Dave pueda ir al gimnasio. Él cuidará de nuestros cuatro hijos él solo el domingo para que yo pueda salir a correr. ¿Incomoda cuidar solo a tantos vándalos? Claro que sí, pero los dos queremos genuinamente lo mejor el uno para el otro, y eso significa que estamos dispuestos a hacer cosas que son difíciles para nosotros de modo que nuestra pareja pueda desarrollarse. ¿Cuántas personas trabajan horas extras durante años mientras su cónyuge consigue su licenciatura? ¿Cuántas veces has ido al supermercado a hacer la compra? ¿Cuántas veces tu cónyuge ha sacado la basura, ha lavado la ropa, o se ha levantado cuando el bebé lloraba para hacer que fuera más fácil para ti? Ser incomodado ocasionalmente es parte de la vida, y si estás dispuesta a hacerlo por otros, entonces será mejor que estés dispuesta a demandar que ellos lo hagan por ti.

Algunas veces, lo único necesario es tener una conversación firme entre adultos; pero otras veces es difícil mantenerse fuerte contra el contraataque. Es inevitable que las personas que forman parte de tu existencia sientan la incomodidad que surge cuando comienzas a reestructurar tu vida para perseguir cosas nuevas. Hay muchas razones por las que tus amigos o familiares quizá no sean de apoyo: inseguridad, temor, autopreservación, complacencia y muchas otras. Sin embargo, este libro no habla de sus razones; habla de que *tú* tengas una revelación. Por lo tanto, escucha. La mediocridad siempre intentará arrastrarte hacia lo mediocre. La pereza siempre intentará arrastrarte a ser perezosa.

Por cualquiera que sea la razón, esas personas en tu vida no están en el mismo lugar que tú en su viaje de crecimiento personal, y eso está bien. Todos tenemos nuestros propios caminos, y no te corresponde a ti intentar que los demás te acompañen en el tuyo. Es *tu tarea* estar ahí para *tu propia vida* y pelear por tus propios sueños. Citando a mi amiga Elizabeth: «Necesitas menos deseo y más agallas».

Eso significa que vas a tener que tomar la decisión de que otras personas no tengan voz en esto. Eso significa que tendrás que mantenerte firme y entender que alguien que no quiere intentarlo no tiene que decirte cómo luchar en el cuadrilátero. Si no estás ahí fuera en el campo, si no estás peleando por más, si no estás corriendo esos kilómetros conmigo, o escribiendo estas palabras conmigo, o formando nuevos hábitos conmigo, o comiendo esta lechuga conmigo... si no estás en el juego conmigo, entonces no te corresponde a ti indicar ninguna jugada, ¡y sin duda no tienes que ofrecer comentarios negativos sobre el trabajo que estoy realizando!

Permitir que otra persona te convenza para no seguir adelante es posiblemente uno de los hábitos más difíciles de romper, pero también una de las mejores conductas a adoptar. Parte de lo que hace que resulte difícil es que nos importa lo que piensen otras personas; esto está engranado en nosotras desde el nacimiento.

No obstante, como hemos hablado antes, las opiniones que otras personas tengan de ti no son asunto tuyo. Sin embargo, eso es un poco más difícil de recordar cuando las opiniones (incluso si son equivocadas) están conectadas con las personas que más amamos y más nos importan. El hecho es que no puedes controlar cómo actuarán, qué dirán, o si te darán apoyo. Solo puedes controlar cómo responderás tú a lo que ellos hagan y si utilizarás sus sentimientos como una razón para abandonar tu rumbo. En lugar de aislarte de todos o comenzar una disputa territorial con tu hermana, o crear problemas en tus relaciones, aquí tienes algunas cosas que puedes hacer para asegurarte de poder tener un mejor control de tus propias reacciones:

1. PREGÚNTATE SI ESA PERSONA DEBERÍA ESTAR EN TU VIDA, EN SERIO.

Piénsalo por un momento. Si alguien no quiere lo que es mejor para ti —incluso si no lo entiende— es porque todos tienen un problema que necesitas solucionar, o esa persona no debería formar parte de tu vida. Deberías desear compartir tu vida con las personas (me refiero a relacionarte con ellas felizmente), o no deberías querer tenerlas en tu vida. Punto. Sé que esto parece casi una blasfemia para algunas personas, pero en realidad, verdaderamente no tienes que estar con personas que son negativas, o tienen la intención de ponerte ansiosa, o sacan lo peor de ti. Incluso familiares. Hay grupos enteros de parientes de sangre con los que no me he relacionado desde que soy adulta. Cuando era niña no tenía elección, pero al ser adulta decidí que nunca dejaría entrar en mi casa ni estar cerca de mis hijos a personas que eran mezquinas o proclives a crear dramas, o que acosaban a los demás de modo pasivo-agresivo. No es así como nosotros nos comportamos, y aunque me entristece porque extraño los buenos tiempos que tuvimos, no estoy dispuesta a permitir los malos momentos para que me inviten a la barbacoa anual en el verano. Sé amable o vete. Ese es nuestro lema, y si no puedes seguirlo, entonces no eres el tipo de persona que quiero que esté en mi vida.

2. PREPÁRATE ANTES DE VERLOS.

Con frecuencia, la respuesta no es eliminar a alguien de tu vida. Con frecuencia, puedes reconocer que esa persona tiene algunas inseguridades y decidir no permitir que eso te afecte. No obstante, si esperas hasta estar delante de tu detractor para decidir cómo responder, estás perdida. Es como estar a dieta y esperar hasta morirte de hambre para pensar qué comer. Tienes un cero por ciento de posibilidad de ser la persona que quieres ser si no eres intencional al respecto. Esperar no es una estrategia, ¿recuerdas? Así que la próxima vez que te dirijas a un escenario donde probablemente te relacionarás con personas que no son de apoyo, pregúntate con antelación cómo puedes sortear la situación.

Por favor, observa que no dije *evitar*. Dirigirte a la cena de Acción de Gracias con el plan de beber todo el vino posible para así ser insensible a sus comentarios no es una estrategia eficaz. Créeme, lo sé por experiencia propia. En cambio, pregúntate qué es probable que suceda. Ármate de valor para los comentarios y ten preparadas tus respuestas. Conoce tu porqué. Recuérdate a ti misma por qué lo estás haciendo y por qué te importa tanto. Prepárate físicamente. Escucha música alegre a fin de preparar tu mente, y decide que esa experiencia e interacción van a ser fantásticas porque no permitirás que sean ninguna otra cosa. Si la interacción va a ser difícil porque tiene que ver con la dieta, o la salud o el ejercicio, considera comer, hacer ejercicio o lo que sea necesario antes de interactuar. De ese modo, ya está hecho.

Hace unos años atrás seguía una dieta pescetariana, y cuando iba a las fiestas familiares no había mucho que pudiera comer. La gente observaba mi plato casi vacío, lo cual conducía a muchos comentarios y bromas. Muchas veces me atiborraba y comía algo que no quería comer, pero me iba de la fiesta frustrada y molesta. Necesitaba prepararme para una interacción más exitosa con personas que quizá no entendían mis decisiones. Ahora sencillamente preparo una gran ensalada y una guarnición de verduras para todas las fiestas familiares. De este modo tengo algo para comer que está dentro de mi dieta y mi plato permanece lleno, de modo que nadie pregunta qué hay o qué no hay en él. Además, mis ensaladas tienen mucho éxito, así que todos salimos ganando.

3. PLANEA INTENCIONALMENTE HACER QUE SEA MÁS FÁCIL.

Me gustaría que esta sección fuera tan fácil como decirte que hagas que las personas en tu vida sigan el programa y dejen de actuar como si fueran patanes que no apoyan. Sin embargo, amiga, no es así de fácil. No fue así de fácil en mi matrimonio o con mi familia, de modo que sé que tampoco será fácil para tus relaciones. Siempre que estoy a punto de emprender un proyecto nuevo o tengo un periodo particularmente ocupado, lo planeo de antemano para hacer que sea lo más fácil posible para Dave. Planeo el cuidado de los niños, planeo soluciones alternativas, programo como una obsesa para que mi ajetreo incomode lo mínimo posible. No obstante, al final, trabajar en tu propia meta significa, por lo general, sacrificarte en otra área de tu vida.

Significa que tu cónyuge va a tener que acostar a los niños las noches en que tú estás en clase. Significa que ya no podrás acompañar a tus amigas a comer tacos los martes, porque estás comprometida con tu salud. Significa tiempo y energía enfocados en aquello para lo que estás trabajando, lo cual implica menos de las cosas que otras personas quizá han llegado a esperar. Habla con tu cónyuge y tus amigas, y con cualquiera cuya opinión tenga importancia para ti. Explícales tu porqué y tu cómo, y trabajen juntos a fin de encontrar alternativas para lo que hay que hacer, lo cual no podrá suceder exactamente como antes. Si has hecho todo lo posible para lograr que la transición sea fácil y justa para tus seres queridos, estarás mejor preparada para manejar la culpabilidad cuando comience a colarse con el propósito de robarte tu motivación.

CONDUCTA 7:

APRENDER A DECIR NO

Reconozco que esto puede convertirme en una paria en ciertos círculos sociales, pero de todos modos voy a decirlo.

No me ofrezco como voluntaria en la escuela de mis hijos.

No porque no tengo tiempo. Mi calendario está muy lleno, pero yo lo controlo, y podría sacar tiempo. Y no porque no haya oportunidad de hacerlo, ya que recibo las peticiones para apuntarme a fin de participar en el día de manualidades o el viaje a la granja-escuela como todos los otros padres y madres. No, no me ofrezco voluntaria en la escuela de mis hijos porque... lo aborrezco. ¡Ya está! Sé que voy a recibir notas de enojo por esto, pero tengo que ser sincera. Es mi pesadilla.

Durante años y años me apunté como voluntaria. Era una mamá voluntaria. Llenaba las carpetas de los jueves. Planeaba las fiestas y llevaba a los niños por el campo de calabazas durante el viaje de otoño. Y aborrecía cada parte de todo eso, excepto el hecho de estar con mi hijo durante un día entre semana.

Se supone que las mamás quieren estar cerca de la escuela, ¿no? Se supone que quieren ofrecerse como voluntarias. Se supone que aman a cada niño en el planeta, especialmente a todos los que están en la clase de segundo grado de su hijo.

Pero yo no soy así.

Algunos de esos niños en las excursiones son lo peor. ¡Tú sabes que es cierto! Y llenar carpetas es tan aburrido, que quiero tumbarme y morir ahí mismo encima de esa mesa circular... ¡a la que te hacen sentar en una silla hecha para niños de ocho años!

Me disgusta todo eso. Inmensamente.

Ahora bien, para que quede claro, lo haré si es necesario hacerlo. Asistí fielmente durante dos años a las reuniones del consejo preescolar. Trabajé en el bar de aperitivos en el festival de invierno y planeé la recogida anual de fondos para nuestra escuela elemental local. ¿Por qué? Porque no había nadie más que lo hiciera, y yo sin duda me sacrificaré por el bien del equipo si es necesario.

No obstante, habiendo otros ochenta y siete padres a quienes les gusta ofrecerse como voluntarios, ¿se preguntan si a la mamá de Ford le gustaría apuntarse para ser ayudante en el salón de clase este trimestre? No. No, gracias.

Hace años, Jen Hatmaker nos recordó esta cita: «Si no es un *sí grandísimo*, es un no».[1] Refiriéndose a que si alguien te pide que hagas algo que está fuera de tu horario regularmente programado y tu reacción inmediata no es: «¡Sí, desde luego!», entonces deberías decir sin duda: «No, gracias».

Ofrecerme como voluntaria en la escuela no es lo mío, y a menos que haya algún tipo de escasez de ayudantes, no voy a comprometerme a hacerlo. Eso causa que haya todo tipo de miradas de soslayo y comentarios sarcásticos de otras mamás en la escuela, y te prometo, *te prometo*, que alguien en algún lugar (quizá muchas personas) acaba de leer que no me gusta ofrecerme como voluntaria y se enojó. Decidió en este momento y ahora, basándose en esa sola afirmación, que soy una mala mamá.

Se supone que nunca, jamás, tienes que admitir que no te gustan ciertas partes de la educación de los hijos. Esa es una norma no declarada. ¿No ser voluntaria en la escuela? Puedo imaginar a algunas lectoras apasionadas levantando su puño al cielo. ¿Qué tipo de monstruo no quiere ayudar a la juventud de *Norteamérica? ¿Qué tipo de idiota no puede dedicar una hora por semana a ayudar en el salón de clase? ¡Tienes que ordenar tus prioridades, hermana!* Lo que pasa es esto. Mis prioridades están bien ordenadas. Son las siguientes:

- Yo misma, mi crecimiento personal, y mi fe.
- Mi esposo y nuestro compromiso con un matrimonio excepcional.
- Mis hijos y mi compromiso a ser una madre excepcional.
- Mi trabajo y mi misión mayor de darles a las mujeres las herramientas para cambiar sus vidas.

Estoy segura de que hay cierta confusión aquí, porque he enumerado ser una madre excepcional y a la vez estoy admitiendo que no me ofrezco como voluntaria en la escuela de mis hijos. Bueno, aquí reside el poder de ser muy clara con tus prioridades y cómo se manifiestan de acuerdo a ti. Personalmente, no creo que necesite ser voluntaria en su escuela para ser una buena mamá. Puede que tú creas sin ninguna duda que eso es necesario en tu propia vida, y es estupendo, porque te daré algunas pautas sobre cómo plantear lo que harás y no harás, pero para mí, ser voluntaria no es igual al éxito como madre. Animar en eventos deportivos, estar sentada por horas durante el musical de la escuela, tener regularmente cenas en familia y vacaciones familiares, llevar a los niños a viajes de negocios para que así pasen tiempo a solas conmigo, leerles cuentos al irse a dormir, meterlos en la cama en la noche: estas son tan solo un puñado de cosas que son sacrosantas para mí como mamá. Estos son solo algunos de mis momentos de *sí grandísimo* cuando se trata de la educación de los hijos. Estoy comprometida a hacer esas cosas a pesar de todo, pero a fin de asegurarme de que tengo tiempo para hacer todas las cosas de mi lista de prioridades (no solo de mis hijos), tengo que tener muy claro lo que importa para mí y para ellos.

Observa que en ningún lugar de la lista escribí: «Asegurarme de que las otras mamás en la escuela me aprueben». O tal vez: «Vivir mi vida para satisfacer las expectativas y prioridades de otras personas». No tengo ni el tiempo ni la energía para eso. He decidido cuatro áreas de enfoque para mi vida, y si la actividad en la que me han invitado a participar no sirve a una de esas cuatro cosas, entonces no puedo hacerla. Recuerda: si todo es importante, entonces nada es importante. Si todo demanda tu atención, nunca tendrás enfoque. Si permites que otras personas dicten tu horario en tu lugar, sin duda lo harán.

Yo he aprendido a decir no.

Más que eso, he aprendido a decir no sin ni siquiera un segundo de culpabilidad o vergüenza al respecto, ¡y puedo decirte que es algo mágico! Puedo vivir mi vida de un modo que tiene sentido para mi familia, y te prometo que todos estamos mejor por ello. Mis hijos reciben más tiempo dedicado en las áreas que nos importan, y yo no voy corriendo por la vida agotada y extralimitada.

¿Has aprendido ya a decir no? ¿Necesitas hacerlo? Aquí está mi mejor consejo para que te enseñes a ti misma esta práctica:

RESPONDE LO ANTES POSIBLE

Para mantenerte organizada en el negocio, te dicen que «solo toques algo una vez». Esto significa que si abres un correo electrónico, lo respondes entonces. Si diriges una reunión, piensas en un plan de acción mientras estás en la sala. Solo tocas el asunto una vez. Bueno, esto también hay que aplicarlo a las peticiones de tu tiempo: solo tocas el asunto una vez en cuanto a que, tan pronto como recibas la petición, respondas lo antes posible en afirmativo o negativo. Ningún *quizá* o *probablemente. Quizá* y *probablemente* es el código para «en realidad no deseo hacer esto, pero no quiero decír-telo». Seguramente no reunirás de repente la valentía más adelante para decirle a quien te lo pide que no estás interesada. En cambio, pensarás en ello hasta que sea demasiado tarde para cancelarlo y terminarás haciendo lo que te han pedido, pero que en realidad no querías hacer. Es así como te conviertes en Barbie Enojada. Cuando alguien te pida algo, sigue tu instinto y responde lo antes posible.

SÉ CORTÉS, PERO SINCERA

Yo recibo muchas peticiones. No puedes imaginar la can-tidad de correos electrónicos que llenan mi bandeja de entrada regularmente en los que me piden asesoría, consejo, apoyo a or-ganizaciones sin fines de lucro y endoso de productos. Durante años y años consentía a cada cita para tomar un café, cada petición de «exprimir mis ideas», y cada oportunidad en organizaciones sin fines de lucro que llegaba a mi camino, y me estaba ahogando en todo ello. No sabía cómo decir no, porque sentía una responsabili-dad de remunerar y apoyar a otros. Entonces tuve una revelación: cada vez que le dedicaba a alguien una hora, les estaba restando una hora a mis hijos. Cada vez que le dedicaba a alguien una hora, era menos energía que tenía para dedicarla a mi matrimonio. Cada sí que le daba a otra persona era un no a mí misma y mi lista de prioridades. Por lo tanto, comencé a ser totalmente sincera, y lo hice de la manera más cortés posible. Les decía a todos los que me pedían tiempo que no podía comprometerme a nada adicional en ese periodo, porque me quitaría tiempo para dedicarlo a mi familia. En serio, ¿quién va a discutir o enojarse contigo por eso? Nadie. Nunca me he encontrado a nadie que contrarrestara eso, pero muchas mujeres me han escrito y me han dicho que nunca habían considerado esa perspectiva. Un sí a la agenda de otros es un no a la tuya. Sé sincera con respecto a las cosas a las que puedes comprometerte y hazlo con cortesía.

SÉ FIRME

Este punto entra en el ámbito de solo tocar algo una vez, porque si no haces esto con eficacia, tendrás a personas que te pedirán cosas una y otra vez, lo cual es una pérdida de tu tiempo y del de ellos. Sé firme con otros de un modo que no deje un final abierto, a menos que verdaderamente te gustara poder tener la oportunidad más adelante. También, sé firme contigo misma. Has hecho el compromiso contigo y con tus metas, y es importante que no des el brazo a torcer. Aprende a decir no y aprende a hacerlo eficazmente.

PARTE III

HABILIDADES A ADQUIRIR

habilidad[1]
sustantivo
1. la capacidad de hacer algo bien; experiencia.

Observa por favor que en esta sección hablaré de habilidades y no de talentos. No son destrezas únicas y especiales con las que naciste; son destrezas aprendidas. Desarrollar un nuevo conjunto de habilidades o crecer en cierta área es algo que se logra con enfoque, tiempo y trabajo duro. ¡Por lo tanto, hay buenas noticias! Incluso si estas no son cosas que posees en la actualidad en tu arsenal, aun así eres totalmente capaz de hacerlas tuyas. No hay excusas, ¿recuerdas? Nos deshicimos de ellas en la parte 1.

HABILIDAD 1:

PLANIFICACIÓN

La primera vez que Dave y yo fuimos a Ámsterdam, nos perdimos.

Éramos un matrimonio joven, y ninguno de los dos había viajado antes a Europa. Cometimos todos los errores clásicos: incluimos demasiados países en pocos días, fuimos a cada ubicación turística que el mundo haya conocido, vivimos con miedo a los «gitanos» que podrían robarnos nuestras posesiones terrenales, y por eso, aunque me duele admitirlo, llevábamos nuestros pasaportes y nuestro dinero debajo de la ropa en bolsitas especiales cerradas con velcro que fabricamos concretamente para ese propósito. Dios mío.

En ese viaje fuimos a Londres y después exploramos Roma y Florencia, y nos quedamos atrapados en Venecia durante una huelga de transportes en Italia. Pero antes de que eso sucediera, fue lo de Ámsterdam.

Seré totalmente transparente. Añadimos Ámsterdam a la lista porque como cabezas de chorlito que éramos, pensamos que sería bonito ir a un país donde podías conseguir una taza de café y marihuana legal en el mismo establecimiento. ¿Alguno de los dos fumaba marihuana o incluso se la comía dentro de un pastel de chocolate? No. Razón por la cual parecía lo bastante ilícito visitar un país solamente con ese propósito. En nuestra propia defensa, era cerca del año 2005, de modo que la marihuana no estaba disponible tan fácilmente como lo está ahora. Además, éramos unos idiotas. Sin embargo, regresemos a Ámsterdam.

Volamos de Londres a Ámsterdam en la aerolínea Ryanair, básicamente una caja de cartón aerodinámica con todos los lujosos servicios de una mazmorra medieval, pero cuando íbamos a aterrizar, el avión nos lanzó de nuevo al aire. La niebla era demasiado espesa, al parecer, y tuvimos que cambiar la ruta. Si eres joven, tendrás que imaginarte una época antes de que existieran los teléfonos inteligentes; el resto de nosotros aún tenemos pesadillas con aquellos tiempos, pero ahí estábamos. ¡Nos redirigieron a —espera a oírlo— un país totalmente distinto! Sinceramente no sé cómo es posible eso, pero resultó cierto. En lugar de aterrizar en Ámsterdam, aterrizamos en Frankfurt. Alemania.

Y yo no tenía un diccionario de alemán. No tenía una guía de Lonely Planet de Alemania con todas las frasecitas útiles en inglés, porque nunca tuvimos intención de ir allí. Estábamos totalmente confundidos.

De algún modo, mediante muchas preguntas e incluso más pantomima, pudimos entender que iríamos en un autobús. Un autobús que, palabra de honor, nos llevaría hasta Ámsterdam. El autobús estaba lleno a rebosar de europeos que vestían parkas gigantes para luchar contra las temperaturas invernales. Olía como mi camioneta después de que una botella medio llena se ha estado cociendo dentro sin que lo notáramos bajo el calor de Texas: amargo y horrible. Estábamos medio mareados, y no teníamos la seguridad de que fuera ahí donde debíamos estar. Después llegó el tren. Al mirar atrás, ni siquiera estoy segura de cómo pudimos llegar hasta allí. Quizá seguimos ciegamente a las otras personas del avión/autobús hasta ese tren, pero de un modo u otro finalmente íbamos de camino a Ámsterdam. Cuando llegamos a la ciudad, salimos de la estación de tren sin tener ni idea de cómo llegar a nuestro hotel. Llevábamos escrito en un papel el nombre y la dirección, y fuimos preguntando torpemente a una persona tras otra. «¿Sabe cómo llegar a este hotel?». Esa persona no hablaba inglés. Lo intentamos con otra. «Perdone, ¿sabe cómo llegar a este hotel?». Otra persona confusa que no pudo respondernos.

Una persona tras otra no entendía lo que preguntábamos, o nos respondía en un idioma que no podíamos descifrar. Detuvimos un taxi y le mostramos la dirección.

«Ámsterdam», nos dijo el taxista.

«¡Sí! Sí, señor. ¡Ámsterdam! ¿Puede llevarnos?». Estábamos agotados, y a esas alturas llevábamos casi una hora preguntándoles a las personas (mientras tirábamos de nuestras maletas).

«Ámsterdam», volvió a decir, y cuando lo miramos confundidos, él se alejó.

Comenzamos a preguntarle a cada persona que encontrábamos hasta que finalmente, por fortuna, hallamos a un hombre que hablaba un poco de inglés.

—Señor, ¿sabe cómo llegar a este hotel.

Yo señalaba con énfasis la dirección que estaba en mi ya arrugado y sucio papel.

Él miró el papel, después a nosotros, y luego otra vez al papel.

—Sí. Es Ámsterdam.

—Sí, lo sabemos —dije señalando a las calles que me rodeaban—. ¿En qué dirección? ¿Cómo llegamos allí?

—Es Ámsterdam —dijo él otra vez.

Yo quería gritar o llorar, y él debió sentir mi creciente angustia, porque de modo forzado consiguió detallar su respuesta.

—Hotel es Ámsterdam —nos dijo—. Ustedes están aquí.

Comencé a sentir horror.

—¿Dónde es aquí? —le pregunté.

—No Ámsterdam —dijo meneando negativamente la cabeza.

Amigas, ni siquiera estábamos en la ciudad correcta.

Estábamos aún a dos horas de distancia de Ámsterdam. Probablemente tendríamos que habernos montado en otro tren que nos llevara allí, pero no lo sabíamos. Éramos ovejas; seguimos a la multitud. Lo que debía ser un vuelo de dos horas terminó siendo un día entero de aviones, trenes y automóviles, y no llegamos al hotel hasta que ya era demasiado tarde para hacer nada en la ciudad. Estoy segura de que Dios intentaba guardarme de ingerir pasteles horneados ilícitamente en tierra extranjera, pero el punto sigue siendo el mismo.

El primer paso hacia alcanzar tu meta es saber adónde te diriges. El problema es que a menudo la gente cree que eso es lo único que hay que saber. Se olvidan de una pieza fundamental del rompecabezas: un mapa solo funciona que si conoces tu destino final y tu punto de inicio. Dicho de otro modo, no puedes llegar adonde quieres ir si no sabes hacia dónde vas.

Necesitas un mapa de ruta. Necesitas un punto de inicio. Necesitas una línea de meta. Necesitas conocer los hitos y los indicadores a lo largo del camino. Necesitas un plan de ataque. Puedes hablar de las cosas que quieres para tu vida cada día. Estoy segura de que incluso habrá amigas que se tomarán un café contigo y soñarán y compartirán ideas, pero nada de eso importa si realmente no desarrollas un plan real que te lleve adonde quieres ir. Las personas no se pierden porque no estén seguras de hacia dónde quieren ir; se pierden porque inician un camino y no hacen comprobaciones para asegurarse de que aún se siguen dirigiendo en la dirección correcta.

¿Cuántas veces planeas un viaje por carretera sin tener un mapa o direcciones? La única vez que nosotros hacemos eso es si no nos importa dónde terminaremos; solo queremos dar un paseo, escuchar música y ver lo que descubrimos. No obstante, si realmente tenemos algún lugar al que queremos ir, si realmente tenemos en mente un destino, siempre llevamos un mapa. ¿Por qué? Porque un mapa puede hacernos llegar más rápido y más eficientemente. Porque cuando vemos algo desde una perspectiva de cien mil pies, podemos planear y anticipar cosas que podrían aparecer a lo largo del camino. Es más difícil tener algún tipo de estrategia real cuando estás en la carretera.

He utilizado esta estrategia del mapa de ruta para cada proyecto importante o meta personal que he emprendido durante los últimos quince años. Es así como conseguí a todos mis clientes importantes en la industria de los eventos. Es así como me promocioné a mí misma sin tener un publicista y utilicé esa exposición pública para impulsar mi carrera profesional. Es así como me entrené para una carrera de 10K, después para un medio maratón y finalmente para un maratón completo. Es así como escribí mi primer libro y conseguí mi primer contrato editorial. Esta es la estrategia y la intención que están detrás de todo en mi vida, desde los productos hasta las relaciones, y estoy convencida de que no hay nada en lo que no podría funcionar. No es complicado; solamente tiene tres componentes. El truco está en enfocarse en estos elementos fuera del orden usual en el que esperamos que estén.

Amiga, se nos enseña a comenzar en el uno, después pasar al dos y al final terminar en el tres. Esto es increíblemente confuso si no sabes cuál es el paso dos. ¿Y cómo se supone que sabes cuáles son los pasos si nunca antes los has dado?

He descubierto que si cambio el orden y comienzo con la línea de meta y entonces contemplo desde dónde comienzo, puedo definir más fácilmente los pasos que hay en el medio y me llevarán desde un lugar hasta otro.

Así es como lo hago:

LA LÍNEA DE META

En primer lugar, tienes que comenzar al final. Eso puede parecer quizá contradictorio, pero es muy eficaz para descubrir qué dirección debería tomar tu camino. A estas alturas hemos hecho bastante trabajo juntas, de modo que ya deberías tener un objetivo claro y definido, una meta en la que te enfoques en este momento. Es ahí donde comienzas.

Para darte una idea exacta de cómo he utilizado esta estrategia de mapa de ruta, voy a compartir una meta personal mía en el pasado. Quería tener un libro de recetas. Era bloguera de cocina en esa época, ¡y tener un libro de recetas me parecía la meta suprema! Esa era mi línea de meta. Pensé en cuál sería mi *qué* muy concreto enfocándome en mi *porqué* concreto. Quería un producto para mis seguidoras que conmemorara mis recetas familiares y fuera una buena oferta de producto que estuviera en línea con mi marca en ese tiempo.

EL PUNTO DE INICIO

Ahora que sabes dónde quieres ir, necesitas practicar cierta conciencia de ti misma y ser realmente sincera sobre dónde estás comenzando. ¿Qué bienes, recursos y hábitos tienes actualmente que van a ayudarte con tu viaje? ¿Cómo puedes ampliarlos y utilizarlos para un crecimiento exponencial? ¿Qué hábitos tienes que podrían hacerte descarrilar o sacarte del camino? ¿Cómo puedes ser intencional en cuanto a planificar en torno a esos avances para que no te agarren por sorpresa? ¿Qué buenos hábitos podrías desarrollar para sustituir a los negativos? Mi lugar de inicio para mi libro de recetas era estupendo. Como bloguera de cocina, conocía a fotógrafos, diseñadores, y un estilista de cocina para ayudarme a hacer que todo se viera increíble. Lo que no tenía era un agente literario o experiencia en el espacio de los libros de recetas. Fui muy honesta conmigo misma sobre las cosas a las que tenía o no tenía acceso, ¡y entonces me puse a trabajar!

LOS HITOS MÁS LOS INDICADORES

Ahora que sabes hacia dónde vas y sabes dónde estás comenzando, el paso siguiente es tener una lluvia de ideas de todo lo que se te ocurra que pudiera ayudarte a acercarte más a la meta. Y las ideas estupendas comienzan siempre con grandes preguntas.

Por ejemplo, ¿cómo podría conseguir un contrato para un libro de recetas? En aquel momento no tenía ni idea, de modo que acudí a Google (te prometo que la respuesta prácticamente para todo existe en la Internet de forma gratuita), y planteé esa misma pregunta. Hubo todo tipo de respuestas, y escribí cada una de ellas en una gran sopa de ideas, que es como les llamo a mis sesiones para generar ideas por escrito, porque siempre se parecen a un caótico plato de posibilidades. Siempre que estoy creando una sopa, mi meta es encontrar al menos veinte ideas de cómo podría llegar hasta ahí. Escribo todo lo que se me ocurre, y como se trata de tener una lluvia de ideas, no debato si la idea es buena o no. Simplemente la escribo.

Escribir una propuesta editorial, conseguir a un agente literario, hacer crecer mi seguimiento en las redes sociales, establecerme a mí misma como experta en este campo, investigar propuestas editoriales, contratar a un diseñador gráfico, contratar a un fotógrafo, hacer pruebas de recetas, y otras cosas.

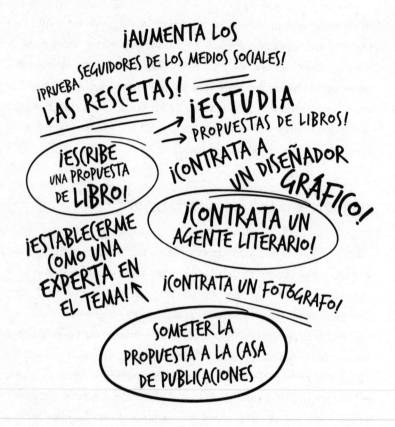

El problema con detenerse en esta sopa, además del hecho de que es abrumadora, es que hay muchas direcciones posibles hacia donde ir. Queremos establecer una dirección clara, y esta página de ideas, aunque es asombrosa para hacerte comenzar, probablemente crea muchas paradas y comienzos, e intentos poco productivos. Por lo tanto, para avanzar, tenemos que organizarla. La pregunta es: ¿cómo hacemos eso? La respuesta llega, sorprendentemente, con otra pregunta.

Mira tu lluvia de ideas y pregúntate: ¿cuáles son las tres cosas principales de todas las ideas que tienes ahí que si realmente las lograras, te llevarían sin duda alguna a tu meta? Pasar de veinte ideas a tres puede parecer imposible, en especial porque muchas de ellas serían útiles, pero estoy convencida de que si te fuerzas a ti misma a quedarte solamente con tres, esas tres serán los hitos que necesitarás para retomar el rumbo si te pierdes a lo largo del camino. ¿Cómo escoges tus tres? Ve a tu meta final y pregúntate: *¿Cuál es el paso que viene antes de este?* Entonces escoge otros dos hitos trabajando hacia atrás desde ahí.

Lo que pasa con un hito es que es algo que no puedes lograr fácilmente sin dar un montón de otros pasos que te lleven hasta ese lugar. Las personas con frecuencia vacilan a la hora de escribirlos, porque parecen casi tan imposibles como el sueño mismo. Su mente comienza inmediatamente a pensar en todas las razones por las que va a ser imposible lograrlo. Quizá piensan: «Claro, claro, claro. Puedo describirlo, pero finalmente llega la realidad, y mi charla negativa conmigo misma vuelve a colarse, y no sé cómo voy a llegar hasta ahí, y vaya, me gustaría hacer esto pero no...».

No, no, no, no. No te enfoques en la carencia. No te preocupes por *cómo* llegarás a cada hito. El *cómo* te detendrá en seco. Obsesionarnos por el cómo es lo que evita que lleguemos a alguna parte. En este momento no estamos enfocadas en el *cómo*; estamos enfocadas en el *porqué*. Como en: ¿qué pasos necesito dar para convertir en realidad esta meta?

Para mi viaje editorial, mi mapa de ruta comenzó a tomar forma cuando me forcé a mí misma a elaborar mis tres hitos. El último paso antes de conseguir un contrato para publicar un libro de recetas es enviar una propuesta a las editoriales: hito número tres. Muy bien, entonces, ¿cuál es el paso anterior a ese? Bueno, Google me dijo que para hacer un envío a una editorial, tenía que tener un agente literario. Ninguna editorial aceptará ciegamente un manuscrito que llega de la calle, de modo que encontrar a un agente literario se convirtió en el segundo hito en mi mapa. Entonces me pregunté qué necesitaría para tener a un agente literario. Hay muchas maneras de poder conseguir uno, pero todas tenían un punto central en común: necesitaría crear una propuesta de algún tipo para explicar lo que quería hacer. Eso se convirtió en el primer hito en mi mapa de ruta.

Tenía un punto de inicio y un punto final, y tres hitos importantes en el camino. Ahora, *ahora* era capaz de pensar en él *cómo*, o como me gusta llamarlos, los indicadores. Me había forzado a mí misma a elaborar tres hitos principales, pero los indicadores pueden ser numerosos, ya que son todas las cosas pequeñas, todos los *cómos* que vas a tener que pensar y realizar para que te lleven a ese siguiente hito.

Con el objetivo de identificarlos, comienzas al inicio de tu mapa de ruta por primera desde que comenzaste a trazarlo, y realizas otra lluvia de ideas con esta pregunta: ¿Qué necesito hacer para llegar desde mi punto de inicio hasta mi primera indicación? Te sugiero que pongas música alegre y escribas todo lo que puedas tan rápido como te sea posible, cualquier cosa que venga a tu mente. Ni siquiera lo pienses. Solamente anota cada idea que se te ocurra de lo que podría ayudarte de cualquier manera a llegar a tu primer hito. Yo lo denomino una lista de posibilidades.

Digamos que tu meta es comenzar un negocio de planificación de bodas (sí, escribo de lo que sé), lo cual significa que tu tercer hito sería conseguir algunos clientes. Bueno, entonces tu secundo hito sería asegurarte de que tus clientes en potencia sepan sobre tu negocio: necesitarás un portafolio, una cuenta en Instagram, o una página web donde las novias potenciales puedan ver tu trabajo. Desde luego, nada de eso importa si no tienes ningún trabajo que mostrar, de modo que tu primer hito tiene que ser la creación de ese contenido. Ya que he elaborado esta lista exacta de posibilidades para llevarme a ese hito exacto, puedo decirte que las preguntas que me hice a mí misma a lo largo del camino eran parecidas a estas: ¿Cómo consigo contenido? ¿Fotógrafos? ¿Floristas? ¿Debería colaborar con alguien para diseñar y producir diferentes estilos? ¿Podría ofrecerles voluntariamente mi tiempo a otras organizadoras de bodas a cambio de fotografías para mi portafolio? ¿Cómo han creado sus portafolios otras personas? ¿Hay libros que podría leer sobre este tema? ¿Hay personas con influencia a las que puedo seguir y que estén hablando de este tema?

Siempre que no estoy segura de cómo llegar al paso siguiente, incluso en la actualidad, creo una lista de posibilidades y lleno páginas y páginas de cosas como: «Ah, la prima de Sara trabaja para esa empresa que he deseado tener como cliente». Hubo muchas veces en las que no recordaba que tenía una conexión hasta que me senté y creé mi lista. Esto sucede porque pasamos demasiado tiempo quedándonos en lo que no tenemos y no nos damos cuenta del acceso que en realidad sí tenemos.

ADVERTENCIA: este es con frecuencia el lugar donde las soñadoras comienzan a desviarse hacia el lado de la autopista para recoger flores silvestres en lugar de crear un progreso real hacia su destino. Por ejemplo, si mi primer hito es claramente «crear una propuesta editorial», hay todo tipo de cosas con las que podría hacer una lluvia de ideas para llevarme hasta ahí: investigar propuestas editoriales, crear un tablón de ideas de Pinterest, encontrar la estructura de una propuesta editorial para este género, hablar con autoras en este espacio y pedirles consejos, encontrar a un diseñador gráfico para que me ayude a bosquejarla, tomar un curso en la Internet para aprender sobre propuestas editoriales, asistir a la conferencia de algún escritor, y muchas otras. La mayoría de las personas mira esta lista y se emocionan, pensando: *¡Madre mía, mira todas estas ideas!* Simultáneamente, se convencen a sí mismas de que todas las ideas son creadas igual y todas serán eficaces. ¡No lo entiendas mal! No todas esas ideas me llevarán más cerca de mi meta, pero muchas de ellas son mucho más atractivas y mucho más divertidas que las tareas que realmente me llevarán hasta ahí.

¿Crear un tablón de Pinterest? Eso es muy divertido. Creo que lo haré. Ahhh, ¿y la conferencia de algún escritor? Siempre he querido asistir a una. ¿Y llevar a cabo una lluvia de ideas con mis nuevos amigos de mi club de escritura? ¡Es perfecto! Nos convencemos a nosotras mismas de que son todas unas grandes ideas y estamos empleando un tiempo dedicado trabajando hacia nuestro hito, cuando en realidad solo

damos vueltas en círculos. Si quiero ser sincera conmigo misma, conozco el paso exacto que llega justo antes de crear una propuesta editorial. No quiero hacerlo porque es la parte más difícil de escribir un libro, pero sé cuál es. Tengo que ponerme realmente a escribir las palabras.

Quiero alentarte en este momento, porque si estás siendo realista, entonces debes entender que una gran parte de la razón por la cual no has llegado ya al hito es que tus indicadores, aunque son factibles, requieren trabajo duro. Los indicadores son los *pasos alcanzables*, y puedes dar uno tras otro para llevarte hasta tu destino. No obstante, siempre suponen trabajo. Siempre.

Mientras estoy sentada escribiendo este libro, *Amiga, lávate esa cara* ha estado ya un par de meses en el mundo. En este momento ha vendido 722.000 ejemplares y ha llegado a ser un éxito en ventas número 1 del *New York Times*, además he recibido miles y miles de notas de mujeres de todo el mundo diciéndome cuán útil ha sido el libro en sus vidas. ¡Qué regalo! ¡Qué bendición increíble que sea algo tan grande que no podría haber soñado con ello! ¿Crees que ese éxito hace que sea más fácil escribir *este libro*? No. Escribir siempre me resulta difícil. Siempre supone trabajo. Aunque lo he hecho muchas veces antes, aunque he podido experimentar éxito al hacerlo, aunque creo muy profundamente en aquello sobre lo que escribo, incluso entonces supone un esfuerzo llegar hasta la línea de meta.

La idea no es que un mapa de ruta hará como por arte de magia que el viaje sea más fácil; la idea es que un mapa de ruta hará que el viaje sea eficaz. Creo profundamente en lo que eres capaz de hacer. Creo que puedes lograr cualquier cosa que te propongas, pero tienes que fijar tu mente en ello. Tienes que ser implacable en tu búsqueda y flexible en tus métodos.

Así que ponte a trabajar y comienza a crear los indicadores que te llevarán hasta cada hito. Si no estás segura de cuáles son, entonces plantéate mejores preguntas. Por ejemplo, si mi pregunta es: «¿Cómo puedo firmar con un agente literario?», mi respuesta en ese momento hubiera sido: «¡No tengo ni idea!». Lo cual no me lleva exactamente a ninguna parte. No obstante, si cambio la pregunta a: «¿Quién podría saber cómo puedo conseguir un agente literario?» o «¿Dónde podría investigar para encontrar la respuesta?», o «¿Hay libros, o podcasts, o vídeos en YouTube sobre este tema?», entonces repentinamente mis respuestas son interminables. Recuerda: si no estás obteniendo respuestas eficaces, se debe a que no estás planteando preguntas eficaces.

Además, no te vuelvas loca con todas las posibilidades. Esta meta tuya va a parecerte algo gigantesco cuando comiences. ¿Recuerdas cómo comerte un elefante? ¡Bocado a bocado! Cuando por primera vez comienzas a trabajar hacia una meta, es muy fácil llegar a sentirte abrumada. Hay muchas cosas que hacer y nunca contamos con horas suficientes para realizarlas. Si eres como yo, tienes dieciocho listas de quehaceres, con todo tipo de cosas incluidas. Si parece abrumador, se debe a que estás intentando hacer demasiadas cosas a la vez. Reduce el paso. Haz una lista diaria. Haz una lista semanal. Haz una lista mensual. Ahora vuelve a comprobarlas. ¿Es todo lo que hay en esas listas esencial para ayudarte a llegar a tu siguiente hito? Si no lo es, revísalas y reenfócate.

Ahora tienes tu mapa de ruta. El paso siguiente es casi tan importante como conocer el resto. Entre tú y la meta que siempre has querido hay tres palabras. Quizá quieras escribirlas en una nota adhesiva. Amiga, quizá deberías tatuártelas en tu cuerpo, pero es así de sencillo: ir por todo.

Ir por todo. Pasa a la acción incansable inmediatamente. No el lunes, no en el nuevo año, no el próximo mes, sino en este momento, hoy mismo. Pasa a la acción incansable en lo que respecta al primer indicador de tu mapa de ruta.

A propósito, crear en un principio un mapa de ruta va a ser algo enorme para muchas de ustedes; pero, por favor, ¡no te detengas ahí! Persevera. Para muchas personas es fácil ir por todo; simplemente que no perseveran. Sucederá algo y la vida se interpondrá en el camino, y entonces se bajan del vagón y piensan: *Ah, ahora todo irá cuesta abajo*. No. ¡No! Hermana, la mitad de la batalla entre donde estás y donde quieres ir es sencillamente tu disposición a volver a levantarte. Todo el mundo se cae, todo el mundo resbala, todo el mundo comete errores, todo el mundo se desvía del camino. Muchas personas comenzaron dirigiéndose hacia su meta, hicieron su mapa de ruta y lo estaban siguiendo, y de repente sucede algo. Quizá sea algo tan sencillo como romper la dieta. Tal vez se saltaron una semana de entrenamiento que se convierte en dos, y repentinamente ha pasado un mes entero. Tal vez han pasado seis meses o seis años desde la última vez que se sentaron a escribir en su computadora. Cualquier cosa que haya sucedido, cualquier cosa que hiciste o no hiciste, la vergüenza no es la respuesta para vencerlo. Ya está hecho, quedó en el pasado, y flagelarte por ello no cambiará nada. Eso no solo es cierto, sino también es cierto que no es una condena. Cualquier otra cosa que no sea la muerte, es temporal. El problema es que estás dejando que una opción a corto plazo se convierta en tu decisión a largo plazo. Crees que lo que sucedió en el pasado es tu identidad. Eso es UM.**

Quien tú eres se define por la siguiente decisión que tomes, no por la última que tomaste. Por lo tanto, comienza a planear, haz tu mapa de ruta, y da el paso siguiente.

** Siglas que significan «una mierda». (N. T.)

HABILIDAD 2:

CONFIANZA

La confianza importa.

La confianza es la creencia en que puedes contar contigo misma, en que confías en tu instinto en el lugar donde te encuentras. Esta importa mucho para cualquiera que esté en los negocios, particularmente si tu trabajo o tu empresa requiere que te promociones a ti misma como camino para llegar al siguiente nivel. Sin embargo, también importa muchísimo en tu vida personal y en cómo piensas sobre ti misma y tus sueños. Creo que no hablamos de ello lo suficiente.

Si te sientes como una mamá desastrosa, si te sientes sin ninguna preparación para desempeñar tu papel como mamá cada día, ¿cuán probable es que disfrutes de tu vida y estés presente al máximo para tus bebés?

Si siempre has soñado con hacer un triatlón, pero crees que eres terrible en cualquier actividad física y tienes la seguridad de que nunca podrás lograrlo, ¿cuán probable es que realices exitosamente la siguiente carrera?

La confianza importa, y aquí está la magia: la confianza es una habilidad. No es algo con lo que naces. Sin duda, si te criaste de algún modo en particular, quizá te inculcaron confianza desde la niñez, pero si no tuviste tanta suerte, debes saber, por favor, que es algo que puedes desarrollar y que sin ninguna duda deberías perseguir. Aquí hay tres cosas que he descubierto que marcan una gran diferencia para construir la confianza en ti misma:

CÓMO LUCES

Este capítulo llegará hasta ti en directo desde uno de los salones de belleza más presuntuosos del hemisferio occidental. Nine Zero One Salon en Melrose Place en Los Ángeles, para ser exacta. Mientras estoy sentada aquí, escribiendo en mi computadora frenéticamente, un equipo de hermosas veinteañeras están trabajando para teñirme las raíces de mi cabello y añadir unos reflejos alrededor de mi rostro. Una multitud de diminutos boles llenos de pociones de diferentes colores están colocados por todas direcciones. Están dándole color a mi cabello con la precisión de un cirujano del corazón, a la vez que charlan entre ellas sobre qué casa van a rentar para el festival de Coachella y si el nuevo libro de dietas de Kristin Cavallari es bueno o no. Su trabajo es a partes iguales destreza y brujería, y cuando terminen luciré mejor que nunca desde la última vez que abandoné este sillón. Todo el procedimiento cuesta tanto como un Sebring convertible de segunda mano... y eso es solamente el proceso para teñir.

Llevo extensiones de cabello y extensiones de pestañas, y hace cinco años atrás me arreglé los pechos porque estaba cansada de que después de amamantar a mis hijos se parecieran a calcetines de tubo llenos de pudín. Sé que no todo el mundo aprueba gastar todo ese tiempo y dinero en tu aspecto físico. Lo sé, porque me envían notas. «¿Cómo puedes decirnos que nos amemos a nosotras mismas tal como somos, pero después empleas dinero en maquillaje y horas para teñirte el cabello?». Entiendo que esto podría parecerte hipócrita, pero quizá has pasado por alto una distinción clave. Sí creo que debemos amarnos a nosotras mismas tal como somos... y tal como soy yo resulta que involucra pestañas postizas.

Hablando muy en serio, me encanta el maquillaje. ¿Has visto alguna vez esos vídeos en YouTube donde las chicas tienen distintos aspectos y utilizan cien maquillajes diferentes y cuarenta brochas diferentes tan solo para sombrear un párpado? ¡Eso es destreza! Es una habilidad adquirida con años de esfuerzo, y me rindo ante eso. Cuando me maquillo, creo que es divertido, y me gusta cómo luzco después. No lo hago porque tú creas que yo debería lucir de cierta manera, o porque a la sociedad le guste un pómulo bien delineado... lo hago porque me gusta.

Invierto mucho dinero y mucho tiempo en cómo luzco porque me hace sentir... bueno, lo digo, supongo que me hace sentir estupenda, y cuando me siento estupenda, me siento confiada, segura de mí misma.

Antes de profundizar más en esto, tengo que añadir varios descargos de responsabilidad. Tengo la certeza de que no todo el mundo vincula parte (o una gran parte) de su confianza con su aspecto físico. A algunas de nosotras nos criaron bien. A algunas nos criaron con ideas que decían que lo que importa es el corazón, y la mente, y el espíritu. Y así debería ser. No obstante, solo porque debería ser de cierta manera no significa que lo sea. Si voy a hablar de lo que realmente funciona en lugar de lo que debería funcionar, entonces tenemos que ajustarnos a la verdad. Todas las mujeres que conozco, y no puedo pensar en una sola que no lo haga, sienten más confianza cuando les gusta cómo lucen.

Cada una de ellas.

¿Segundo descargo de responsabilidad? La confianza proviene de que *a ti* te guste cómo luces, no de que luzcas de cierta manera.

Me encanta el cabello largo, y las pestañas, y los zapatos con un poco de tacón. ¿Mis amigas Sami y Beans? A ellas les encantan los tenis y los sombreros, y estoy bastante segura de que creen que lucen peor con mucho maquillaje encima. No es su estilo preferido. Si el mejor maquillador del mundo les hiciera un cambio de imagen completo, ellas apreciarían la destreza, pero aborrecerían el resultado. En realidad les haría sentir menos confianza, porque no se reconocerían al mirarse en el espejo. Obtener confianza a partir de tu aspecto físico no se trata de tener un estilo específico; obtener confianza por el modo en que luces se trata de tener un estilo *personal*.

¿Te encantan los tenis y las camisas con botones? ¿Prefieres el cabello liso y un maquillaje mínimo? ¿Es tu armario tan brillante y ecléctico como tu personalidad? ¡Sí a todo eso! Sí a cualquiera de esas cosas. Sí a saber quién y qué eres y a permitir que quede representado en cómo luces.

Sé que habrá personas que no estarán de acuerdo conmigo. Sé que habrá personas que lean estas palabras y piensen que estoy siendo superficial. Entiendo que parece insípido comenzar un capítulo sobre la confianza y arraigarlo en el aspecto físico, en cómo luces en lugar de en cómo te sientes, pero no creo que la alternativa sería útil. Al menos no me habría resultado útil a mí antes. Leí muchos libros que me decían que mirara en mi interior, que orara, que pronunciara mantras o afirmaciones para sentir que estaba más segura de mí misma. Lo hice por años y como una manera de animarme. Sin embargo, sinceramente, nunca sentí la parte de la mujer segura de sí misma hasta que aprendí cómo lucir en el papel de una mujer segura de sí misma. Y la locura es que mi versión de la confianza probablemente no se parece en nada a la tuya. El punto es que no debes replicar el ideal de otra persona. El punto es que debes descubrir el tuyo propio.

Me gustaría que hubiera un libro de fotografías mías para poder enseñarte cualquier instantánea de mí básicamente desde 2003 hasta 2016. Para ser justos con la Rachel del pasado, sí creo que he mejorado con el paso del tiempo. No obstante, también fue un proceso que discurrió de manera lenta y ligeramente trágica, y todo se debía a que yo no sabía cómo vestirme según mi tipo de cuerpo, ni peinarme, ni maquillarme. No saber cómo hacerlo me hacía sentirme insegura, pero nunca lo admitía realmente. En cambio, proclamaba en voz alta que yo no era «ese tipo de mujer». Me ponía un poco de delineador y bálsamo labial, y peinaba recogido mi cabello secado al aire y encrespado, todo ello mientras me decía agresivamente a mí misma que las mujeres a quienes les importaba tanto su aspecto físico eran cabezas huecas que estaban enfocadas en las cosas equivocadas.

Entonces, ¿por qué cada vez que tenían que peinarme y maquillarme para la prensa o la televisión, me sentía estupendamente? ¿Cómo es que planeaba citas en la noche con mi esposo siempre que sabía que iban a maquillarme o al regresar de una sesión de fotografía? ¿Cómo es que siempre me sentía mejor, tenía más energía y una mejor actitud, cada vez que sentía que lucía estupenda? Porque cuando te gusta cómo luces, te encantará cómo te sientes.

Esta fue una gran curva de aprendizaje para mí como adulta, y todo comenzó con arreglarme los pechos.

Es cierto. Me arreglé los pechos. Es un poco loco admitirlo, pero lo hago. Estoy segura de que alguna de ustedes dirá: «Bien por ti, amiga». Ese es el sueño de todas luego de tener un bebé, y otras exclamarán: «¡Eres una vergüenza para las feministas en todas partes!». Sin embargo, lo hice, y como siempre intento ser sincera sobre las cosas que experimento en mi vida, te hablo de ello ahora.

Supongo que debemos comenzar con el porqué.

Umm... ¿cómo explico esto con delicadeza? La primera vez que quedé embarazada, tenía bonitas copas tamaño B. Me encantaban, y yo les encantaba a ellas. Cuando nació el bebé llegó a ellas la leche, y aquellas bonitas copas B se convirtieron en copas E. No, no es un error ortográfico. Es un tamaño de copa de pechos. E... como en Elefante... como en Enorme... como en... ¡caramba!

Así que las gemelas pasaron de pequeñas a grandes y después volvieron a reducirse otra vez. Luego de ese asalto, di a luz a otros dos hijos, lo cual significa que todo lo de E para quienes lo cataloguen... ¡sucedió dos veces más! Después del nacimiento de mi último hijo, Ford, comencé a hacer más ejercicio y a comer mejor, y mantuve un peso saludable, lo cual fue asombroso. No obstante, ese peso significó que mis pechos, que ya estaban en un estado un poco triste, se convirtieron en... nada. No me refiero a que estaban desgastados. No me refiero a que se veían cansados. Me refiero a que no había nada ahí, ningún relleno. La copa, en este caso, estaba sin duda alguna medio vacía. Por lo tanto, mientras que antes nunca había pensado mucho realmente en mis pechos, ahora los observaba todo el tiempo.

Aborrecía ponerme traje de baño. Aborrecía andar sin sostén o, aún peor, estar desnuda delante de mi esposo. Principalmente, aborrecía cuán enfocada estaba yo en algo tan trivial. Dave nunca dijo nada. Pensaba de ellos como siempre lo había hecho, con reverencia y la alegría sin restricciones de un hombre heterosexual que ve unos pechos, pero mis problemas empeoraron. Sinceramente, no soy de quienes se obsesionan por mucho tiempo. Me gusta arreglar las cosas. Y aunque no puedo arreglarlo todo, esto era algo sobre lo que no había duda de que podía hacer algo. Así que decidí que iba a conseguir que volvieran a estar erguidas.

Encontré a una doctora que era asombrosa y también tenía hijos, así que ella entendió totalmente lo que yo buscaba. Le dije a

Dave que me acompañara a la cita, hice mil preguntas, la mayoría de las cuales tenían que ver con si moriría en la mesa de operaciones como la mamá de *Clueless* y si perdería la sensibilidad (porque eso podría ser casi tan malo como la muerte). Tomaron algunas fotografías para mi historial médico, lo cual, déjame decirte, ¡es enloquecedoramente fatal! Nadie necesita ver sus tristes y pequeños pechos con los lentes de una cámara HD bajo una luz intensa.

Terminé escogiendo el implante más pequeño que fabrican, porque cada vez que me probaba los tamaños más grandes me sentía incómoda. No quería ser alguien nuevo; solo deseaba sentirme como era antes. Y como lo expresó Dave cuando le pregunté qué pensaba: «Eres hermosa a pesar de lo que hagas. Escoge algo que te permita sentirte bien». Un hombre inteligente.

Fijamos la cita para la cirugía. Yo estaba muy emocionada, pero a medida que se acercaba más el día señalado, comencé a ponerme nerviosa. No por si hacerlo o no, sino por si viviría. Tenía tres hermosos hijos en aquella época, y la cirugía da miedo. ¿Y si me ocurría algo debido a mi propia vanidad? ¿Puedes imaginar qué legado tan horrible dejaría a mis espaldas?

«¡Ah, mi mamá estaba muy sana, pero quería lucir muy bien con una camiseta ajustada, y ahora está muerta!».

Hice prometer a mis amigos que, en caso de mi fallecimiento prematuro, ayudarían a perpetuar el mito para mis hijos de que había muerto en una misión de Médicos sin Fronteras. No importaba que yo no fuera médico; en ese pasado inventado era mucho más valiente de lo que soy ahora.

La mañana de la cirugía, yo era un caos. Comencé a sentir pánico en cuanto entré en la sala para el preoperatorio, y Dave tuvo que entrar y sentarse a mi lado. No ayudó que mi anestesiólogo resultara ser rubio, bronceado y básicamente un muñeco Ken muy, muy joven. Como de la edad que hay que tener al haber salido recién de la facultad de medicina, de eso estamos hablando aquí. Dijo que su nombre era Dr. Aiden. Comentó que había pasado la mañana haciendo surf.

Haciendo surf.

Lo único en que podía pensar mientras me llevaban en la camilla hasta la sala era: *Ah, precioso Salvador, este médico-niño que hace surf me va a ver los pechos.*

A veces, cuando me pongo nerviosa, manejo esos nervios hablando sin parar, de modo que estaba mascullando nerviosamente cuando el médico-modelo colocó la vía intravenosa en mi brazo. Esa vía, aunque no me di cuenta en el momento, estaba llena de algunas medicinas realmente fuertes. Recuerdo decirle al equipo médico reunido que ningún anestesiólogo debía tener un aspecto como ese muchacho; se suponía que sería calvo y con más de sesenta años de edad... debía parecerse a Danny DeVito. Recuerdo que todas las enfermeras y médicos se rieron, y recuerdo haber pensado: *¡Cállate, Rachel, cállate!* Sin embargo, ya había llegado demasiado lejos.

No podía callarme.

Lo último que recuerdo decir antes de pasar al olvido fue: «¡Por favor, Dr. Aiden, a pesar de lo que haga, no mire mis pechos destruidos!».

Ni. Siquiera. De broma.

Y entonces desperté y... ¡estaba viva! Me sentía tan emocionada por estar viva que ni siquiera me importó tener la sensación de que mi pecho se había peleado durante doce asaltos con un boxeador profesional. Entre la ansiedad, el preoperatorio, y la presencia inesperada de un anestesiólogo ridículamente bien parecido para ponerme más nerviosa, sin mencionar el periodo de recuperación, todo resultó una dura experiencia. Pero al final, pensé sin duda alguna que valió la pena, y lo sigo pensando. ¿Lo pensarás

AMIGA, DEJA DE DISCULPARTE

tú también? Quizá sí o quizá no. Entiendo que no todo el mundo estará de acuerdo con mis decisiones, pero eso está bien. El punto es que aquello era algo que quería hacer para mí misma, algo que sabía que me haría sentir más confianza. Yo decido cómo quiero lucir, y cuando tomé la decisión de cambiar algo de modo tan drástico y permanente, eso me hizo comenzar a considerar otras cosas en las que no había pensado antes.

Recuerda, durante años me había dicho a mí misma que las mujeres a las que les importaba su aspecto eran artificiales e insípidas. No obstante, ahora yo había hecho lo más artificial que puede haber: había buscado que alguien pusiera el equivalente médico a un globo dentro de mi cuerpo en un intento por sentirme más segura de mí misma. ¿Y sabes qué? Funcionó.

¡Me encantaron mis pechos nuevos! Cinco años después, me siguen encantando.

Sin embargo, necesitaba reconciliar la historia que siempre me había contado a mí misma con la nueva realidad que enfrentaba. Había hecho algo puramente por vanidad, pero no me sentía como una persona vana. No estaba sentada todo el día obsesionada por mi aspecto, y sin duda no juzgaba a los demás por su aspecto tampoco. Por lo tanto, si era posible seguir siendo la misma mujer que estaba tan enfocada en el crecimiento personal, en mejorar lo que estaba en el interior, ¿sería posible entonces que lo que antes creía sobre cuán valioso, o no valioso, era el aspecto exterior estuviera fundado más en mis inseguridades que en la evidencia real?

Bueno, obviamente.

Nuestras propias inseguridades sobre cualquier tema avivan nuestra curiosidad o alimentan nuestra crítica. O vemos la oportunidad para crecer y por lo tanto nos permitimos a nosotras mismas pensar, hacer preguntas e investigar, o nos volvemos temerosas y descartamos la idea inmediatamente. *Solo una idiota consideraría eso. Solo las personas frívolas intentan algo nuevo cuando ya están en un camino.* Tu inseguridad hace que cualquiera que esté haciendo algo de modo distinto a ti constituya una acusación y una crítica a todos los aspectos en los que tú no estás a la altura.

Hacer juicios generalizados sobre otros o, más triste aún, sobre ti misma no te ayuda. Quizá pruebas a que te alisen el cabello, o te pruebas unos *jeans* muy ajustados, o te pruebas unos zapatos con los dedos al descubierto y tacones muy altos, y tal vez los aborrecerás. Pero nunca vas a saberlo si no estás dispuesta a considerarlo. Si la confianza en ti misma está por las nubes, entonces sigue haciendo cualquier cosa que estés haciendo ahora, pero si no te sientes bien con respecto a cómo luces, ¿a qué estás esperando?

¿Has decidido que así es la vida? ¡Deja de pensar eso! La vida es cualquier cosa que tú creas que es. Por lo tanto, ¿y si nunca supiste cómo vestirte en la secundaria o cómo peinarte el cabello? Eso fue hace mucho tiempo, y tú ya no eres una niña. Sé que suena a un disco rayado, pero cada cosa que quieras saber hacer está en un vídeo en YouTube ahora mismo gratuitamente. Rizarme el cabello, ponerme maquillaje, elegir la ropa más favorecedora para mujeres bajitas, cómo llevar unos *jeans* blancos... literalmente todas las cosas que he aprendido en estos últimos cinco años. ¿No me crees? Mira mi Instagram y ve hacia atrás. No te tomará mucho tiempo hasta que pienses: *Madre mía, ¿qué llevaba puesto? ¿Qué sucedía con ese cabello y esas cejas?*

Adelante. Te doy todo el permiso para reírte de mis viejas fotografías. Solamente porque solías ser de cierta manera no significa que tengas que quedarte así. Solo porque te sientas insegura no significa que no puedas hacer un cambio. Si no te gusta el modo en que luces, si no te gusta tu estilo personal, ¡entonces cámbialo! ¡Haz una inversión! Y no permitas que nadie te haga sentir culpable por eso.

CÓMO ACTÚAS

Hace unos diez años atrás yo era una exitosa organizadora de eventos en Los Ángeles, y me había hecho un nombre para mí misma en este espacio de las bodas de lujo. Me encantaba el trabajo, pero tras años de novias enloquecidas y tener que trabajar todos los fines de semana, deseaba crecer en el espacio empresarial, lo cual no tenía nada del bagaje emocional que sí tenía la organización de bodas.

Como mencioné antes, siempre he tenido el hábito de que ser yo quien decide, saber cuál es mi línea de meta, y después crear un mapa de ruta desde ahí. En esta ocasión, mi cliente/evento soñado era el festival de cine Sundance. Era súper glamuroso y estaba lleno de celebridades, y también se realizaba en un entorno realmente difícil. ¿Producir el lujo de un evento de Los Ángeles en una diminuta ciudad montañosa en Utah a la que solo se accede mediante un cañón que probablemente estaría cubierto de nieve en esa época del año? Sabía que si podía superar ese obstáculo, lanzaría mi empresa a una nueva estratosfera.

Sundance se convirtió en mi meta.

Por lo tanto, fui hacia atrás desde ahí. Si quería captar cierta atención por producir un evento genial en Sundance, entonces tenía que ser un evento que llamara la atención. Investigué un poco y supe que la revista *Entertainment Weekly* era el principal jugador en el festival. Ellos organizaban las fiestas más grandes, tenían a más celebridades entre la asistencia, y por lo tanto conseguían mayor cobertura de la prensa. Eran los mejores, y yo quería trabajar con los mejores.

De ninguna manera estaba calificada para hacerlo. No todos los eventos se crean igual, y un festival de cine en Utah es algo distinto por completo. Aun así, no habría manera alguna de que yo pudiera aprender realmente a producir el tipo de evento que quería crear si no me ofrecía como candidata. Fui por ello. Le pedí a un amigo de un amigo de otro amigo que hiciera las presentaciones, y finalmente recibí una llamada telefónica con el equipo de eventos.

Le puse todo mi corazón.

Ellos no estaban interesados. Fueron muy amables al respecto, pero sabían que yo estaba fuera de mi liga. Como un perro que de repente decide caminar erguido sobre dos patas, solo porque podrías ser capaz de hacer algo no significa que sea la decisión adecuada. Ellos ni siquiera estaban interesados en que yo hiciera una oferta para el empleo.

Me quedé desalentada, pero el desaliento no te llevará a ninguna parte. Cada dos semanas, durante los dieciocho meses siguientes, hice un seguimiento con mi contacto en *Entertainment Weekly*. Le enviaba inspiración para fiestas y detalles sobre nuevas bebidas. Le decía quiénes eran los mejores DJ y el vestuario bonito que podría ponerse el equipo de personal. Intencionalmente añadía valor siempre que podía, y ni una sola vez pregunté si me considerarían para darme un empleo.

Un día, la persona de eventos de *EW* llamó de repente.

«Necesitamos un proveedor de cáterin para Sundance. Tú haces eso, ¿cierto?».

Yo no poseía ninguna empresa de cáterin, pero había trabajado tan duro para conseguir esta oportunidad de colaborar con ellos, que la aproveché.

«¡Claro que sí! ¿Qué necesitan?».

Este momento de ofrecerme para mi primer empleo en Sundance es siempre el mejor ejemplo que tengo para mostrar cuando alguien me pregunta por la idea de «fingirlo hasta conseguirlo». Aborrezco esa frase, porque da a entender que no tienes nada más para respaldarte. Existe una gran diferencia entre fingir algo que no tienes ni idea de cómo hacer y tener la confianza a fin de desempeñar un papel para el cual aún no tienes una formación completa.

Hay un estudio que muestra que cuando un hombre está pensando en un nuevo empleo, solicitará un puesto para el que siente que está calificado al menos en un sesenta por ciento. Su confianza le dice que compensará el otro cuarenta por ciento aprendiendo sobre la marcha. Como contraste, ese mismo estudio muestra que la mujer promedio siente que debe estar calificada al cien por ciento para solicitar algo.[1] Muy bien, pensemos un momento en esto. ¿Cómo vas a poder estar calificada para algo que nunca has hecho? Es un callejón sin salida. No te ofrecerás. Nunca lo intentas por temor al fracaso, de modo que nunca creces hasta el siguiente nivel.

Cuando llegó la oportunidad de Sundance, de ninguna manera era una proveedora de cáterin, pero había trabajado con esas empresas y las había gestionado como proveedores durante años, y sabía lo que eso conllevaría. Tenía conexiones y recursos, y la habilidad suficiente con investigación y planificación para recorrer el resto del camino. No lo estaba fingiendo, porque nunca se me ocurrió que no podría solucionar las cosas si era necesario. Poseía años de práctica que me respaldaban; sin duda no a ese nivel, pero tenía confianza, porque nunca había decepcionado a mis clientes, y ciertamente eso no iba a comenzar a producirse ahora. *Nunca* aceptaría dinero de alguien por un servicio que no tuviera la capacidad de proporcionar; pero tampoco habría podido nunca desarrollar mi conjunto de capacidades si no me hubiera forzado a mí misma continuamente al máximo.

Aquel único evento en Sundance lanzó mi negocio a un nivel totalmente nuevo, tal como yo había creído que sucedería. Me convertí de ese primer año como proveedora de cáterin en organizadora de eventos al año siguiente. Poco después estábamos produciendo cenas informales y eventos para todo estudio y marca que quería celebrar en Park City. Sundance se convirtió en mi contrato más rentable. De hecho, es lo que pagó el inicio de The Chic Site y la contratación de un equipo de personal cuando finalmente decidí hacer la transición a este espacio.

Muchas cosas buenas resultaron de la disposición a actuar con confianza y seguridad incluso cuando no siempre me sentía segura de mí misma. Es como todo lo demás. Puedes hacerte a ti misma sentir cualquier cosa que te propongas mientras lo respaldes con acción. Yo actué con confianza en lo que podía hacer como organizadora de eventos, y entonces lo respaldé con investigación y trabajo duro para armarme de las habilidades necesarias a fin de sacarlo adelante.

CON QUIÉN TE RELACIONAS

Sé que he hablado un poco de todo el tema de que «te conviertes en las cinco personas con las que más estás», pero vale la pena repetirlo aquí. Hace años, mi hermana se había graduado de la escuela de cosmetología y no estaba segura de hacia dónde ir a partir de ahí. Le gustaba la idea de trabajar en alguna posición dentro de la industria de la belleza, pero no tenía confianza en desarrollar una lista de clientes en esta nueva industria, lo cual es obligado para cualquier estilista. Probó varios empleos distintos como ayudante en salones de belleza, y aunque le gustaba relacionarse con la gente, seguía batallando por encontrar su lugar.

Por azares del destino, una conocida mía envió un correo electrónico con una descripción de trabajo que pretendía ocupar. Esta conocida era la propietaria de un spa y necesitaban a un gerente. Habían probado a distintas personas en ese puesto, pero nadie parecía encajar bien. Leí la descripción, y con cada línea me emocionaba más. Inmediatamente se lo reenvié a Mel.

«¡Sin ninguna duda deberías solicitar este empleo!», le envié como texto gritando.

A ella no le emocionaba el empleo que tenía entonces en el salón de belleza, de modo que se lanzó, persiguió, y finalmente consiguió ese puesto como gerente de spa.

Estaba muy nerviosa durante la primera semana por cómo saldría todo. Era nueva en LA y todavía estaba aprendiendo a sortear el tráfico y el ritmo rápido de los vehículos, y como la mayoría de los recién llegados a LA se sentía un poco intimidada por no vestir adecuadamente o hablar de la manera correcta en ese bonito spa cerca de Beverly Hills.

Cuando llevaba allí varias semanas, recibí un correo electrónico de mi conocida dándome las gracias por enviarle a Melody. No podía dejar de elogiarla como una empleada excepcional. Aquello no me sorprendió en absoluto. Yo sabía que mi hermana era inteligente y amable, y sabía que ella trabajaba increíblemente duro. Lo sorprendente fue lo que sucedió unos seis meses después.

Melody se convirtió en una mujer totalmente distinta.

Era calmada, serena, y confiaba totalmente en sí misma y sus habilidades. Ya no estaba ansiosa por su nueva ciudad, o su nuevo puesto, o lo que haría después. No tenía miedo a dar su opinión, y no le preocupaba lo que la gente pudiera pensar.

Recuerdo haberle dicho a Dave: «¿Has notado lo bien que le va a Mel? Me pregunto qué causó un cambio tan grande».

Unas semanas después fui al spa donde ella trabajaba para hacerme una limpieza facial y lo entendí. Melody pasó de estar en una escuela llena de jóvenes que no se sentían seguras de hacia dónde iban o cómo establecerían su carrera, a trabajar para un negocio exitoso lleno de —espera a oírlo— mujeres seguras de sí mismas.

Durante todo el día se relacionaba con compañeras de trabajo que estaban en lo más alto de sus profesiones; tenían que estarlo para trabajar en un lugar como ese. Durante todo el día ayudaba a clientes que eran exitosas en la vida y los negocios; tenían que serlo para poder permitirse asistir a un lugar como ese. Sin ni siquiera intentarlo o ser consciente de ello, Melody había absorbido su confianza como por ósmosis.

¿Quieres tener mayor confianza? Rodéate de personas que la tienen.

Sé que la confianza no se describe con frecuencia como una conducta aprendida, pero creo verdaderamente que es una habilidad que puedes aprender como cualquier otra. Cuida con qué personas estás, las palabras que usas, y el modo en que te presentas al mundo que te rodea. Presta atención a los momentos o las circunstancias que te hacen sentirte más segura de ti misma, y después trabaja para cultivar más oportunidades como esas. Este cambio de percepción, en particular para cualquier mujer que está en los negocios, puede ser verdaderamente transformador.

HABILIDAD 3:

PERSISTENCIA

He oído a muchas personas decir cosas como «una meta es un sueño con una fecha límite», o «tienes que ponerte una fecha límite». Batallo con esa idea, porque nada del éxito que he experimentado en mi vida personal ha sido rápido. Si me hubiera puesto a mí misma una fecha límite de un año o incluso dos, habría abandonado hace mucho tiempo. Me tomó dos años desarrollar el seguimiento suficiente en las redes sociales para que un agente literario me tomara lo bastante en serio como para considerar mi propuesta editorial. Me tomó otros seis meses después de eso enviar la propuesta a las editoriales para ver si un editor querría darle una oportunidad a un contrato para un libro de recetas. Pasaron otros dieciocho meses antes de que ese libro llegara al mercado. Fue necesario mucho trabajo solo para llegar a ese lugar.

Recientemente, subí un par de fotografías a Instagram. La primera era de mi primer segmento en televisión para las noticias matutinas locales. Había insistido durante meses y finalmente me asignaron un segmento en el Día Nacional de la Comida Basura, en el cual el equipo de las noticias matutinas de la KTLA y yo probábamos la comida basura más extraña que había en el mercado en ese momento. Pensemos en galletas Oreo muy fritas y en pepinillos que se había conservado en la bebida Kool-Aid sabor cereza.

No era material para un premio Peabody. La segunda fotografía que compartí era de mi primera vez en el programa *Today Show*. En ella, soy el relleno en un sándwich de Hoda y Kathie Lee, y estoy sonriendo tanto que mi cara está a punto de partirse por la mitad. Ese día estaba eufórica, porque siempre, siempre había querido poder estar en un segmento en *Today Show*. Lo que intento señalar, aparte del hecho de que mi cabello se veía mucho mejor cuando comencé a teñirlo con colores profesionales en lugar de utilizar un tinte de una caja, es que la primera fotografía es de 2010 y la segunda fotografía es de 2018.

Ocho años, amiga. Me tomó ocho años alcanzar esa meta, y el camino fue largo y difícil. Comencé con ese primer segmento de comida basura, y después de eso rogué, tomé prestado y robé para conseguir más oportunidades. Agarraba un segmento de una barbacoa para el Cuatro de Julio aquí o un segmento para el Día de Acción de Gracias allá. En aquel tiempo volaba sola en el trabajo, lo cual significaba que cada vez que convencía a alguien para que me llevara a su programa, tenía que encontrar un modo de hacerlo funcionar sin tener ni dinero ni ayuda. Solamente podía «comprar» atrezo al que le pudiera ocultar fácilmente la etiqueta del precio para así poder devolverlo después del programa. Compraba, transportaba, diseñaba, preparaba, ordenaba y limpiaba, todo yo sola. Me cambiaba de ropa de trabajo a ropa para salir al aire en baños asquerosos o en el asiento trasero de mi auto (los programas de noticias locales no tienden a tener las acomodaciones más bonitas). Por lo general, en ese punto había sudado mucho y tenía estropeado el maquillaje y mi cabello encrespado. Yo no estaba bonita, pero sí lo estaba mi mesa, y siempre me encontraba preparada para dar el segmento más divertido e informativo que se hubiera visto jamás con respecto a cualquier tema, desde el Día de San Patricio hasta el Día del Árbol.

Soportar toda esa presión yo sola resultaba terrible, pero no tenía el dinero para un publicista o un diseñador, o ni siquiera para que un asistente me ayudara a preparar las cosas. Lo que sí conocía era mi meta, y entendía que el trabajo duro era la única palanca que tenía. Cuando conseguí mi primera oportunidad de hacer un programa nacional, la aproveché aunque era sobre un tema del que yo no sabía, y tuve que investigar mucho para poder hablar de ello de modo inteligente por seis minutos. Durante años construí relaciones con productores de televisión. Presenté cientos de segmentos que fueron rechazados por cada uno que fue aceptado. Llegaron a conocerme como bateadora emergente; yo era la persona que se subía a un avión en el último momento para sustituir a alguien si se enfermaba. Si necesitaban a una «experta» que acudiera y hablara literalmente de cualquier cosa, yo era esa persona. Me maté trabajando, y aun así me tomó ocho años.

Fueron necesarios seis libros y cinco años para poder finalmente lograr un éxito de ventas. Me tomó ocho años poder estar en *Today Show*. Me demoré cuatro años y miles de fotografías en Instagram para conseguir cien mil seguidores. Podría seguir enumerando una cosa tras otra de todo el tiempo que tomó llegar desde allá hasta acá, pero lo fundamental es esto: nunca sucedió tan rápidamente como yo quería, y si hubiera abandonado porque no había alcanzado mi meta en cierta fecha, no hubiera logrado ninguna de las cosas por las que me conocen en la actualidad.

A todas mis soñadoras, a todas mis chicas diligentes, a todas mis muchachas que están leyendo este libro y están construyendo y planeando les digo: ¡No te atrevas a comparar tu principio con la mitad de otra persona! No te atrevas a escuchar cuando alguien te diga que necesitas tener una fecha límite. Tus indicadores (recuerda, esas son las cosas que tú *puedes* controlar) son los que deberían tener fechas vinculadas para que estés siendo productiva y eficiente. ¿Pero tus hitos? Esos son más nebulosos y más difíciles de alcanzar, y quizá tengas que acercarte a ellos de seis maneras antes de encontrar algo que te ayudará a avanzar.

Es fácil ver el éxito de otra persona y desalentarnos por ello, porque suponemos que nuestros primeros esfuerzos no estarán a la altura. ¡Claro que no lo estarán! Ninguno de mis éxitos ha sido un ascenso meteórico. Lo que ves ahora supone más de una década de trabajo duro, enfoque y volver a levantarme cada vez que me derribaron. ¿No tienes conexiones? ¿O dinero? ¿O acceso? ¡Yo tampoco tenía esas cosas! Yo tenía ética de trabajo y un sueño, y la paciencia y la perseverancia para perseguirlo.

Va a ser un viaje, y vas a tener que luchar para llegar hasta donde quieres ir, pero también valdrá la pena.

Uno de mis carteles favoritos que vi durante un medio maratón fue un póster que decía: «¡Si fuera fácil, todo el mundo lo haría!». Me encanta el recordatorio de que alcanzar una meta es difícil, pero sigo estando aquí. Y tú también. La razón por la que estamos dispuestas a mantenernos en el camino, a seguir batallando para llegar al siguiente nivel, es que *no somos como todos los demás*. No es fácil alcanzar una meta. Es duro, pero amiga, ¡tú también eres dura!

La razón por la cual las personas abandonan, se derrumban o no están dispuestas a seguir avanzando es porque creen que esa meta que están persiguiendo es temporal. Esto es algo que los medios de comunicación nos han hecho creer durante la mayor parte de nuestras vidas. «Prueba esto, ahora prueba aquello, ahora haz esta dieta, ahora prueba este ejercicio, ahora haz esto, ahora sigue cambiando, ahora sigue cambiando». Este tipo de conducta no es eficaz en la búsqueda de un logro. Este tipo de conducta solo resulta eficaz como medio de confusión. Porque esto es lo que sucede... si las marcas, los medios y las noticias pueden confundirnos, pueden vendernos más cosas.

Piénsalo. Hace cincuenta años atrás, la única manera de perder peso era sencilla: quemar más calorías de las que consumimos. Esta es una solución sencilla que funciona. ¿Resulta fácil? De ningún modo. Las papas fritas en Chick-fil-A son deliciosas, y mucho más agradables de comer que el brócoli. Sin embargo, la industria dietética no existiría si la respuesta fuera sencilla y clara. Por lo tanto, somos en cambio bombardeadas con un millón de respuestas diferentes, todas las cuales resultan confusas. ¿Debería seguir la dieta Paleo, la Whole30, la Atkins, la South Beach, la vegana, o comer sin gluten? En cada periodo hay algo nuevo y distinto que probar, y cada una de esas dietas está vinculada a alguna cosa que podemos comprar: libros, polvos, comidas congeladas, planes, programas, pastillas, etc., todo ello para responder a la confusión que sentimos sobre las dietas y la pérdida de peso.

Y esta es solo una industria, amiga. Tal actitud de cambiar de una posible solución a otra como si fueras una mariposa borracha aparece en cada tipo de bien de consumo. ¿Es extraño entonces que estés intentando alcanzar tu respuesta, tu meta, probando algo durante un tiempo y después abandonándolo cuando no funciona para intentar otra cosa? ¿Es extraño que no estés obteniendo el progreso que quieres?

No. Crees que esta meta en tu vida es *temporal*. Crees que es algo para dejar a un lado y desecharlo como si fuera tu sudadera favorita. Te la pones cuando quieres y la dejas apartada en el armario cuando no deseas usarla.

Esta meta, esta misión que tienes, este sueño, este lugar hacia donde te diriges no es una cosa temporal. No es algo que vas a hacer este mes, o este periodo, o solo este año. En realidad, perseguir verdaderamente una meta cambia no solo ese aspecto concreto de tu vida, sino también cómo enfocas la vida en general. Siempre.

Si estás ahorrando dinero para comprar una casa, eso requerirá un cambio total en el modo en que gastas y ahorras. Si quieres tener un matrimonio fuerte y sobresaliente, eso significa desarraigar cualquier idea equivocada que tengas sobre las relaciones y buscarlo intencionalmente cada día. Sin importar qué estés persiguiendo, solo lo alcanzarás si te entregas totalmente.

Esto no es solamente una cosa que haces.

Esto es quien tú eres ahora.

Para siempre, amén.

No es un entrenamiento solo para este mes o este periodo. Piénsalo: todos los deportistas profesionales, todos los olímpicos — Tom Brady o Serena Williams o Messi— se entrenan tan duro hoy como cuando empezaron. De hecho, yo diría que para operar en el nivel de excelencia en el que ellos están hoy se entrenan más duro que antes. El entrenamiento nunca cesa.

Porque cuando alcances esta meta, vas a escoger la siguiente, y la siguiente, y después la próxima después de esa. El que persigas la mejor versión de ti, cualquiera que sea, inundará cada área de tu vida. Por lo tanto, deja de pensar en pequeño. Deja de pensar en esto con una perspectiva tan limitada, suponiendo que lo que estás haciendo se trata solamente de lo que tienes delante *ahora*. Profundiza, trabaja duro, sé paciente; el tiempo pasará a pesar de todo. Bien puedes emplearlo en la búsqueda de algo más, sin importar cuánto tiempo te tome hasta llegar allí.

HABILIDAD 4:

EFICACIA

Cuando tengo una fecha límite para entregar un libro, como en este momento, paso grandes partes de mi día de trabajo típico alejada de mi equipo para poder escribir sin que me interrumpan. En este día en particular, estoy sentada en una de esas largas mesas de madera comunes que parecen ser un mueble requerido en cualquier cibercafé sofisticado. Me gusta sentarme en la mesa común, porque siempre puedo encontrar a alguien que cuide mis cosas mientras yo voy al baño por octogésima vez en esta hora. El único inconveniente es el flujo constante de personas que vienen y van en las sillas que me rodean, haciendo que la energía cambie con cada adición nueva.

La primera muchacha que se sentó hoy estaba aquí para trabajar en sus tareas escolares. Lo sé porque tenía su libro de texto abierto y una hoja de ejercicios delante de ella. Lo abordó de este modo: leyó un poco del libro, después miró su Instagram durante un rato, luego tomó una fotografía de su café y sus tareas y la subió a Instagram... y le tomó otra media hora encontrar el filtro adecuado en VSCO. Después de eso volvió a enfocarse en el trabajo. Un segundo después estaba garabateando en los márgenes. Después vino más búsqueda y más Google, y un rato después recogió sus cosas para irse. No llenó ni un solo espacio en la hoja de ejercicios que había llevado.

La siguiente persona que se sentó a mi lado era un «hermano». Estaba allí con otro «hermano». En realidad me gustan mucho ese tipo de personas. Tienen veintitantos años, están llenos de energía y entusiasmo, y citan a Gary Vee como si fuera el evangelio. Lo entiendo. Me incluyo. Gary Vaynerchuk es también mi predicador. De manera en cierto modo tonta, estaba contenta de que estuvieran a mi lado. Tenían bonitas computadoras portátiles y cuadernos amarillos, llevaban a cabo una tormenta de ideas y estaban listos para comenzar su trabajo. Tras su charla inicial, procedieron a pasar dos horas también —lo juro por mi té chai sin endulzar— mirando Instagram. La ironía que pasaban totalmente por alto era que estaban mirando sus páginas favoritas de emprendedores, enseñándose mutuamente citas sobre la perseverancia y la diligencia, todo sin ser conscientes del tiempo que estaban desperdiciando.

Siempre me siento muy mal cuando observo que les sucede eso a las personas soñadoras que me rodean. Es demasiado fácil caer en cosas que malgastan el tiempo y en ocupaciones que no nos llevan de ninguna manera más cerca de nuestra meta. Yo solía hacer esto todo el tiempo cuando era una joven autora.

En aquel entonces tenía el hábito realmente malo de releer una y otra vez lo que había escrito. Me sentaba para «escribir» durante una hora y pasaba cuarenta y cinco minutos leyendo lo que ya había escrito, e inevitablemente editando mientras lo hacía. Durante meses no podía pensar en por qué no estaba realizando un progreso tangible y real para llegar a mi número de palabras final. No estaba yendo a ninguna parte, porque realmente no estaba haciendo ningún trabajo nuevo; era como los «hermanos» sentados a mi lado en el cibercafé. Supongo que ellos realizarán todo tipo de sesiones colaborativas como la que tuvieron ese día y finalmente abandonarán la idea que buscaban porque no los lleva a ninguna parte. Si se parecen en algo a como yo era, ni siquiera se darán cuenta de que no es culpa de la idea que no suceda nada. Es culpa de ellos mismos.

¿Has trabajado alguna vez en una meta, empleando muchas horas, pero sin hacer ningún progreso tangible? Imagino que era porque no entendías en qué debías enfocarte. Pensabas que lo que necesitabas era el tiempo para perseguir tu sueño, cuando realmente lo que necesitabas era utilizar el tiempo que tienes de manera influyente. Para ayudarte a no caer en la trampa de la distracción disfrazada de productividad, aquí tienes cada cosa que puedo pensar de lo que me he enseñado a mí misma durante la última década, ¡no solo para ser productiva, sino sumamente productiva!

1. SUSTITUYE TU LISTA DE QUEHACERES POR TU LISTA DE RESULTADOS

¿Recuerdas en el capítulo anterior cuando hablé de crear tu mapa de ruta? Bueno, seguro que lo recuerdas, pues fue hace cinco minutos. No obstante, en caso de que seas como Drew Barrymore en *50 Primeras Citas* y te falle la memoria, te recordaré que tu mapa de ruta hacia tu meta incluye indicadores a lo largo del camino. Son peldaños que utilizas a fin de mantenerte enfocada en la dirección hacia la que te diriges. Para trabajar eficazmente, necesitas estar avanzando siempre hacia tu siguiente indicador. El problema es que, como esos muchachos en la cafetería o como yo en mis primeros tiempos cuando escribía, con frecuencia puede parecer que estás avanzando hacia tu siguiente indicador cuando en realidad solo estás haciendo círculos cada vez más amplios alrededor de tu ubicación actual. Por lo tanto, para contrarrestar esta tendencia, cuando te sientes a trabajar desde ahora hasta siempre quiero que dejes de hacer listas de quehaceres.

La lista de quehaceres de la mujer promedio es aproximadamente de 319 puntos, lo cual significa que de todos modos nunca podrás terminarla. Además, si te pareces a mí en aquella época, pasarás todo tu tiempo de trabajo llevando a cabo los puntos más fáciles de tu lista de quehaceres, simplemente para así poder marcar como terminadas algunas cosas. No obstante, ya que ninguno de esos puntos te acerca de ninguna manera a tu siguiente indicador, esto es una gran pérdida de tiempo. De modo que dejemos a un lado la idea de una lista de quehaceres y enfoquémonos en cambio en crear una lista de resultados. Y con «resultado» me refiero a preguntarte: ¿cuál es el resultado final que estoy buscando de esta sesión de trabajo?

Una lista de quehaceres podría tener un punto que diga «trabajar en el manuscrito», pero eso es muy nebuloso e impreciso. Podría significar cualquier cosa, y si ya estás batallando para ser productiva, tu cerebro buscará cualquier excusa para marcar algo como completado. Por lo tanto, si sueño despierta con cuál será un título para este libro, ¿es eso trabajar en el manuscrito? Si reescribo un párrafo cuatro veces, ¿es eso trabajar en el manuscrito? Si voy a tomar algo con otra autora y hablamos de ciertos puntos de la trama, ¿es eso trabajar en el manuscrito? No. Nada de eso cuenta como trabajar en el manuscrito cuando lo que realmente necesito es acercarme a poder entregar este libro a tiempo.

En este momento, lo único que importa es el conteo de palabras. En este momento necesito emplear cada minuto que estoy despierta en construir una frase después de otra para poder entregar el trabajo a tiempo. Por lo tanto, en mi lista de resultados enumeraré: escribir 2.500 palabras. Ese es el resultado que quiero. No hay manera de *casi* escribir 2.500 palabras. O se hace o no se hace. Y PD, para todas mis compañeras escritoras que sueñan con tener un manuscrito de no ficción terminado: tener un indicador de «escribir 2.500 palabras» veintiséis veces te llevará hasta ahí.

Digamos que has decidido fijar un nuevo objetivo factible para tu organización de venta directa. Tu lista de quehaceres podría tener en ella «alcanzar el nuevo objetivo de ventas», pero eso es muy amplio. Quiero decir, ¿cómo es posible que eso sea una dirección o enfoque para tu cerebro? Si hablo con tres posibles clientes, ¿cuenta eso? Si paso una hora investigando cómo crecer en una organización de ventas, ¿es eso lo bastante bueno? Quizá, si solo estás intentando mantenerte al día en tu industria, pero si quieres conseguir algo que nunca has tenido, tienes que hacer cosas que nunca has hecho. Tu lista de resultados debería ser específica: «llegar a cien nuevos posibles clientes cada día» o «cerrar cuatro nuevos contratos cada semana», o «aumentar la venta promedio por cliente existente en un tres por ciento para elevar las cifras generales de beneficio».

Notemos que esta última idea está muy enfocada. Me gustan los resultados que son específicos y que tratan de algo más que la meta, que también hablan sobre ampliar las maneras de alcanzar el mismo resultado. Si la última vez que intenté aumentar mi negocio me enfoqué solamente en captar nuevos clientes y fue difícil, puedo dar un paso atrás y preguntarme si hay un modo más inteligente de alcanzar el mismo resultado. Por ejemplo, podría considerar hacer más cosas con los clientes que ya tengo. ¿Podría enviarles más correos electrónicos? ¿Puedo crear un proceso para facilitar la venta? ¿Puedo ser más intencional con respecto a convencerlos para comprar y así aumentar los beneficios globales sin tener que añadir una nueva base de clientes? En este ejemplo, mi meta es realmente tener mayores beneficios, pero me he enredado tanto en mi lista de quehaceres que he dejado de considerarlo bajo una luz diferente. Si no escribo el resultado que estoy buscando primero, mi cerebro no puede ayudarme a plantear las preguntas adecuadas para acercarme más a mi meta real.

Por lo tanto, haz una lista de resultados y no una lista de quehaceres. Esa lista de resultados diaria nunca debería ser más larga de cinco puntos. De hecho, mi lista de resultados diaria tiene, por lo general, dos o tres puntos como máximo. Como los puntos que voy anotando son movimientos importantes para mí, cuando soy capaz de lograr incluso uno de ellos me siento eufórica. Si llenas demasiado tu lista, vas a terminar cada periodo de trabajo sintiendo que no lograste mucho cuando en realidad, si has completado al menos un resultado ideal que te acerque más al siguiente indicador, habrás logrado mucho. Esa sensación de gran logro tiene que ser tu nuevo hábito. Necesitas lograr que sea tu meta durante cada periodo de trabajo. No que fijaste un tiempo para trabajar, sino que trabajaste para lograr las cosas correctas.

2. REEVALÚA LA EFICIENCIA

Conocer el resultado correcto al que apuntar es sinceramente la mitad de la batalla. Si comenzaste a trabajar para completar un resultado ideal por cada periodo de trabajo y lo hiciste regularmente durante las tres semanas siguientes, creo que te asombraría ver cuánto progreso hiciste. Sin embargo, hay algo que puedes hacer para llevar esto un paso más lejos, un poco más rápido. Francamente, no conozco a nadie que trabaje con vistas a una meta que no le gustaría poder llegar ahí antes de lo previsto. Por lo tanto, cuando tengas un indicador claro en tu futuro y conozcas los mejores resultados a los que apuntar para acercarte a él, la pregunta siguiente que querrás plantearte es: ¿Hay algo que podría estar haciendo y que lograría que esto fuera más eficiente?

Si quieres ahondar con más detalle en esta pregunta, te recomiendo encarecidamente el libro *The One Thing* [Solo una cosa], de Gary Keller. En él, Keller plantea una pregunta profunda. No profunda en su complejidad, sino profunda en el sentido de que la mayoría de nosotros estamos tan ocupados frecuentemente trabajando *dentro* de nuestras metas que nunca tomamos el tiempo para trabajar *en* nuestras metas. La pregunta es básicamente: ¿Cuál es solo una cosa que podrías hacer en este momento, hoy, que haría que fuera innecesario todo lo demás?[1] Cuando se trata de tu lista de resultados, la pregunta sería: ¿Cuál es solo una cosa que podría hacer en este momento, hoy, que me ayudaría a lograr todo esto con más rapidez, más facilidad y más eficiencia?

Por ejemplo, regresemos a mi resultado ideal de llegar a 2.500 palabras. Me pregunté a mí misma cómo podría alcanzar mi conteo de palabras diario con más eficiencia, menos dificultad y más rapidez. La respuesta fue bastante sencilla e increíblemente fácil de implementar, pero si no me hubiera planteado la pregunta, de ninguna manera lo habría considerado. Para mí, se trata de escribir en un cibercafé. ¿Qué hay tan especial en un cibercafé? Bueno, tengo una oficina estupenda con un bonito escritorio, un buen sillón, y acceso a refrigerios, agua y baños sin cargo adicional, y he estado escribiendo este libro durante semanas en mis horas regulares de oficina. Sin embargo, ¿sabes qué más hay en esa oficina? Catorce empleados que están trabajando en varios proyectos a los que siempre me veo atraída. Ahora bien, solo para dejarlo claro, no son ellos los que me atraen hacia sus proyectos; de hecho, no me molestan nada, porque saben que tengo una fecha de entrega. No obstante, escribir es un camino difícil y solitario. Sin importar cuántas veces lo haga, siempre absorbe, y cuando estoy en el trabajo y me siento sola, o cansada de escribir un párrafo, me levanto al baño y en el camino encuentro tres cosas en las que meter mi nariz en lugar de regresar a trabajar. Por lo tanto, 2.500 palabras, que nunca deberían tomarme más de tres horas, terminan llevándose la mejor parte del día.

Aun así estaba alcanzando mi resultado final, de modo que no tenía que desafiarme a nada, pero tuve que hacerme la pregunta: ¿Hay una manera mejor de hacer esto? Para mí, eso significa trabajar alejada de mi equipo. Me gustan más los cibercafés que trabajar en casa, porque siempre hay una gran energía proveniente de otros creadores y personas dinámicas, y a veces incluso consigo ideas para capítulos (como el inicio de este). Trabajar en este libro en un cibercafé significa que voy a esforzarme al máximo en el manuscrito, logrando muchas más de 2.500 palabras cada vez, y llegando hasta ahí con más rapidez que antes. Si no te planteas preguntas, si no desafías lo que está y no está funcionando, entonces nunca lo sabrás.

3. CREA TU PROPIO ENTORNO PRODUCTIVO

Hace años atrás, alguien a quien admiraba me preguntó si podía darle algún consejo sobre el proceso de escribir. Esta persona era muy talentosa y un orador muy solicitado, pero nunca había escrito un libro. Pensé que hablaríamos de conteos de palabras, puntos de las tramas o de cómo crear un borrador, pero él realmente quería saber una sola cosa: ¿Cómo se crea un lugar de retiro en tu casa a fin de preparar la atmósfera perfecta para escribir?

«No lo haces», le dije. «Escribes siempre que puedas, cuando puedas y *como puedas*. Crear la oficina perfecta realmente no te ayudará de ningún modo».

No le gustó mi respuesta. Insistía en que si pudiera crear el espacio ideal, entonces el proceso que había demostrado ser tan duro en el pasado se volvería más fácil. Supe en ese momento que él nunca terminaría un manuscrito. Eso suena muy áspero y malvado, pero es la verdad. Está basado en mis años de recibir cientos de preguntas como esa. Una sala de escritura es algo de ensueño y un lujo que espero alcanzar algún día; pero no ayuda a escribir. Es como pensar que una cinta andadora cara te motivará para que corras. Ningún factor externo te hará ser más productivo, y si necesitas cierta atmósfera para rendir al máximo, no tienes verdaderamente el control de ti mismo.

Escribo esta frase ahora mismo en el asiento central de un vuelo completo. Un compromiso de última hora para hablar al otro lado del país significa que todos los asientos buenos en el avión estaban ya ocupados, pero aunque es incómodo, no puedo perder un tiempo valioso para escribir. Temprano en la mañana, tarde en la noche, mientras mis hijos juegan delante de mí en el parque o están en el entrenamiento de fútbol, escribo dondequiera que esté y como pueda. ¿Es un espacio —como ese cibercafé o una mansión con vistas al agua— más preferible? Sin ninguna duda. No obstante, la vida no funciona de ese modo. Si yo esperase a tener el espacio perfecto o la oportunidad para ser productiva, no habría terminado ni siquiera uno de mis libros. La clave está en crear un entorno que pueda introducirte en la zona dondequiera que estés. Para mí, son diferentes tipos de listas de reproducción, o cierta canción que repito una, y otra, y otra vez como ruido blanco, lo que me ayuda a enfocarme y pasar a modo producción, incluso en los lugares más ajetreados. Para ti podría ser cierto aroma, cierto tipo de goma de mascar (no, esto no es una locura), el café pedido exactamente igual en Starbucks... cualquier tipo de repetición que puedas ofrecerle a tu cerebro para indicarle que es momento de enfocarse. Mi creador de zona productiva favorito es un café expreso con crema y la canción «Humble» tan alta como lo permitan mis auriculares. De hecho, puede que escandalice a mis lectores conservadores saber que la mayor parte de *Amiga, lávate esa cara* fue escrita con Kendrick Lamar de forma repetitiva, pero, oye, cuando encuentras lo que te ayuda a entrar en la zona productiva, lo aprovechas tanto como puedas.

4. CONOCE LO QUE TE DISTRAE Y EVÍTALO

Vaya, esto suena muy obvio cuando lo escribes, pero las personas que batallan por ser o mantenerse productivas están generalmente demasiado distraídas para saber que lo están. Cada vez que tu enfoque y tu energía divagan, es necesario mucho tiempo para recuperarlos, si es que alguna vez los recuperas del todo. Presta atención a lo que roba tu atención. Para mí, normalmente es el acceso a WiFi en mi computadora y el poder ver o escuchar la pantalla de inicio de mi teléfono. En mi mente, cada texto es urgente y posiblemente de un empleado que me dice que la oficina está ardiendo, cada correo entrante podría ser de Oprah, y una búsqueda rápida en Google para investigar algo de lo que estoy escribiendo se convierte en un torbellino y de repente me encuentro haciendo un test en BuzzFeed para ver quién podría ser mi príncipe ideal de Disney. Por lo tanto, ¿imaginas lo que tiene que suceder cuando estoy intentando llegar a cierto número de palabras? Tengo que desactivar mi WiFi, ocultar mi teléfono, y apagar el sonido para así no ver ni escuchar ningún mensaje entrante.

5. CORRIGE EL RUMBO

Es fácil llegar a distraerte, y es incluso más fácil moverte tan rápidamente en una dirección que no te das cuenta de que es la dirección equivocada. Te recomiendo que hagas una comprobación contigo misma cada domingo. El domingo es el tiempo más fácil para mí, porque es cuando planifico mi semana. Tomo tiempo para enfocarme en el resultado que quiero para la semana y después me pregunto si realmente, verdaderamente, voy por la dirección adecuada hacia el siguiente indicador. ¡Si es así, estupendo! Si no, ¿qué puedo hacer esta semana para asegurarme de llegar a los resultados que espero?

Cuando se trata de eficiencia, lo fundamental es esto: ya estás haciendo el trabajo. Ya estás empleando el tiempo, y sería un desperdicio si te quedaras sin energía sin ningún motivo, o peor aún, abandonaras potencialmente una gran idea solo porque no has pensado cómo hacer progresos hacia tu meta. Lleva a cabo una auditoría de tu eficiencia y piensa en dónde tienes que apretarte el cinturón y cambiar tu enfoque.

HABILIDAD 5:

POSITIVIDAD

Una vez estuve cincuenta y dos horas de parto. Cincuenta y dos horribles horas. Nunca dejaré que mi primer hijo olvide eso mientras viva. En realidad, cuando ya me haya ido, estoy planeando dejarlo todo organizado para que otra persona le envíe un recordatorio ocasional de ese hecho, como esos hombres que pagan para que, cuando ellos hayan fallecido, una floristería envíe flores cada año para el cumpleaños de su esposa.

Bueno, aquello resultó lo peor. Fue muy difícil, y agotador, y doloroso, y las enfermeras solo me permitían comer paletas, Jell-O o sopa de pollo durante ese tiempo. Me pareció una eternidad llegar al momento de empujar. Cualquiera que haya tenido una experiencia parecida daría fe de ello. Una espera, y espera, y espera, y justo cuando parece que probablemente estarás siempre embarazada, te anuncian que ha llegado el momento de empujar. Momento. De. Empujar.

Para mí, el momento de empujar llegó mucho después de lo esperado, tanto que la epidural había comenzado a perder sus efectos. Sí, epidural. No pensarías que me pasé dos días de parto sin medicinas, ¿verdad? No. No soy tan heroica. Utilicé al anestesiólogo que, para dejarlo claro, sí se parecía a Danny DeVito —como debe ser— y todas las medicinas buenas que quisieran ofrecerme, pero cuando llegó el momento el dolor había vuelto de nuevo. Las enfermeras me preguntaron si quería otra dosis, pero yo había leído todo tipo de historias de terror sobre mujeres que no podían empujar porque los medicamentos eran demasiado fuertes, y no quería que nada demorara aún más el proceso. Por lo tanto, como una verdadera mártir, les dije con valentía que empujaría fuera a Jackson sin medicamentos.

Casi de inmediato supe que había cometido un grave error.

El dolor era bastante fuerte estando allí tumbada, pero cuando realmente intenté empujar por primera vez, la sensación fue como si Satanás me hubiera atravesado con un tridente ardiente y le hubiera dado un cuarto de giro a la derecha.

«Era broma», les dije a todos en la habitación. «¡De hecho, sí quiero esas medicinas tan rápidamente como la vía intravenosa pueda llevarlas a mi columna vertebral!».

La enfermera presionó un botón, el personal hizo varias llamadas, susurraron entre ellos, y entonces me miraron con expresión de tristeza.

«Lo sentimos. Nuestros dos anestesiólogos están en cesáreas. No hay nadie disponible para administrar otra dosis».

¿Qué? ¿No más medicinas? ¿No más alivio? ¿Solo yo y el tridente de Satanás? Mi corazón se rasgó junto con mi perineo.

Sentía tanto dolor y estaba tan agotada que me parecía que deliraba un poco. No tenía ningún control sobre lo que me estaba sucediendo y no tenía modo alguno de eludirlo. Pensaba que sin importar cuántas veces empujara, Jackson no saldría. Su ritmo cardíaco comenzó a descender, y el médico empezó a decir que había mucho estrés para él y quizá tuvieran que hacerme una cesárea. Extrañamente, en medio de un profundo pánico, tuve el mayor momento de claridad de mi vida. Sabía que tenía que conseguir que Jackson naciera seguro y con calma, y para hacer eso tenía que encontrar el modo de sobreponerme al dolor. Pasé de llorar y ponerme como loca a mantenerme en silencio y enfocada. No le dije nada a Dave, mi mamá, las enfermeras ni los doctores. No creo que emití otro sonido más, incluso ni miré en dirección a nadie. Estaba profundamente en el interior de mi mente, atrapada en algún lugar entre la oración ferviente y un discurso motivacional interior a mi hijo no nacido aún.

Cuando Jackson Hollis llegó al mundo llorando una hora después, no sé cuál de los dos estaba más agotado. Lo que sí sé es que todo el dolor al que me había sobrepuesto regresó otra vez como si fuera una ola tan intensa que aún no puedo creer que me las arreglara para ignorarlo por tanto tiempo. Ese es uno de los mayores recordatorios que tengo en mi vida de que podemos escoger nuestra actitud, nuestro enfoque y nuestras intenciones para cualquier situación, a pesar de la que sea. Esa elección es con frecuencia la diferencia entre la alegría y el sufrimiento.

Puedes beberte el agua y despertarte temprano, y tener un plan y trabajar en él cada día, pero si no tienes la actitud correcta, estás muerta. Bueno, de acuerdo, quizá «muerta» es algo un poco dramático, pero me pongo bastante dramática con respecto a la mentalidad, la actitud y la búsqueda de la positividad, porque tiene muchísima importancia.

Cuando mis hijos se comportan como locos y la casa está hecha un caos, y pienso seriamente en unirme al circo y salir de allí, o en beberme una botella entera de vino, forzarme a mí misma a tener una actitud positiva es lo que me salva.

Cuando llega la fecha de entrega de mi libro, como ahora mismo, pues tenía que haber entregado este libro ayer y todavía estoy aquí, escribiendo aún, y cuando el trabajo me sobrepasa y mi calendario de viajes es una locura, decidir encontrar lo positivo en cada cosa es el modo de mantenerme feliz.

Feliz, no solo cuerda. No solo bien. No solo capaz de ir tirando. Sino feliz. Me siento feliz, agradecida y bendecida el noventa por ciento del tiempo, y no se debe a que mi vida esté discurriendo de una manera que hace que eso resulte fácil. Soy una de las mujeres más felices que podrás conocer porque decido serlo cada día. Decido practicar la gratitud; decido rodearme de cosas y personas que subrayan la positividad. Regulo mis pensamientos, porque los pensamientos controlan los sentimientos.

Las palabras y frases que utilizamos con nosotros mismos se convierten en la banda sonora que suena en el ambiente de cada momento de nuestras vidas, y no hay ni un solo pensamiento, bueno o malo, que tú no permites que esté ahí. ¿Estás monitoreando eso activamente? ¿Estás trabajando para controlar el modo en que piensas de ti misma y como te hablas? Porque no eres estúpida, así que deja de decirte a ti misma que lo eres. No eres fea, así que deja de pensarlo —aunque sea ocasionalmente— cuando te miras en el espejo. No eres una bruja, incluso si hiciste cosas malvadas en el pasado. No eres ignorante, ni mezquina, ni desagradable, ni indigna, ni carente, ni ninguna de las otras cosas tontas que pasan por tu mente.

Tienes que escoger ser positiva, percibir la posibilidad y ver las bendiciones en tu vida cada día. Tú escoges tus pensamientos, y no hay ni una sola cosa que pase por tu mente que no permitas que esté ahí. Por lo tanto, cada vez que te encuentres pensando algo negativo, recuerda a DMX. Detente, deja a un lado esa odiosa letanía, cállala, y después sustitúyela por cosas buenas. Es de esperar que ya sea que estés en un periodo de tranquilidad o un periodo de dificultad, reconozcas que sigues teniendo el control de cómo percibes la situación.

Esto es la vida real, no un cuento de hadas, y no creo ni por un segundo que cada día va a ser fácil, a pesar de quién seas o dónde vivas. La vida real a veces será terrible, y tendrás periodos enteros que te robarán la energía que necesitas para perseguir tu meta. Sin embargo, sigues teniendo esperanzas, y sueños, y metas para ti misma y tu vida, y son posibles. Algunas veces avanzarás corriendo a máxima velocidad y otras veces lo harás con pasos muy pequeños, pero tienes que mantenerte en el juego. No puedes controlar las circunstancias de tu vida; solo puedes controlar tu reacción a ellas.

HABILIDAD 6:

DIRIGE TU BARCO

En sexto grado me hice una fotografía dentro de un tipi
o tienda india. Fue en un campamento de las Niñas Exploradoras
alrededor de 1995, y sigo teniendo la foto en un álbum cubierto de
pegatinas de signos de la paz y varios dibujos artísticos de la S de
Superman. En la fotografía estoy vestida como una chica nativa
americana, según lo imagina una niña blanca joven e ignorante.
Una vestimenta color café teñida con nudos y Timberlands de imi-
tación no son parte de ningún traje tribal que me resulte familiar,
pero mi yo de doce años se sentía estupenda sentada bajo ese tipi
para tomarse una fotografía ella sola, donada por el Olan Mills de
la localidad.

Dejando a un lado la precisión cultural, aquella experiencia
particular en las Niñas Exploradoras se destaca en mi mente por
dos razones. Una, porque hicimos huevos revueltos hirviéndolos
dentro de bolsas de plástico con cierre. Como nunca he sido una
buena campista, ese tipo de habilidades tan locas me siguen pare-
ciendo bastante impresionantes. Y dos, mi mejor amiga, Amanda, y
yo creamos una rutina completa de baile para una canción de Tim
McGraw y se la enseñamos a todo el grupo. La canción era «Indian
Outlaw» [Forajido indio] —bueno, eso es obvio— y contenía pasos
coreografiados y movimientos en más de una formación. El baile

era originalmente algo que hicimos durante un receso como manera de luchar contra el aburrimiento, pero resultó —y aquí hablo en hipótesis— tan adorable para el grupo reunido de líderes de tropa (quienes probablemente estaban un poco enamoradas de Tim y de ese extraño bigote tan fino que llevaba en aquel entonces) que nos pidieron que lo hiciéramos en la fogata del campamento.

¡En la fogata del campamento, amiga!

La fogata de campamento es el equivalente del gran show para las Niñas Exploradoras. Es donde se hace todo. Es donde se entregan insignias y las tropas obtienen reconocimiento; es donde nos agarramos de las manos en un círculo grande y cantamos: «Hacer nuevas amigas, pero mantener las viejas...». ¿Lo reconoces? De todos modos, es una ocasión muy importante... ¡y la Tropa 723 estaba a punto de hacer su debut en la fogata de campamento!

Cuando llegó el gran momento, bailamos con todas nuestras ganas. Y durante el gran final cuando la canción se interrumpe para la inclusión inesperada de «Reserva India» de Paul Revere y los Raiders, bueno, amiga, ¡fue como si el espíritu de Juliette Gordon Low estuviera dentro de nosotras!

Incluso entonces yo era una líder, y probablemente lo eran muchas de las que están leyendo este libro también. De niñas, muchas de nosotras éramos quienes organizábamos exactamente cómo se distribuían de forma equitativa los accesorios de la Barbie; éramos quienes instigábamos las citas para jugar o nos presentábamos para ser presidenta del club de teatro. No era un pensamiento consciente, pero la habilidad para reunir grupos y unirlos en torno a un tema o idea era parte de nosotras. Si eres afortunada, tus padres te alentaron en estas habilidades naturales de liderazgo. Si no eres tan afortunada, quizá sin intención intentaron apagarlas. «No seas mandona», te decían. «Tú no estás a cargo de todos», te recordaban. Sin embargo, cuando uno de los muchachos mostraba esas mismas características, se consideraba admirable. «Él ha nacido siendo líder», comentaban melancólicamente.

El liderazgo no es un rasgo que se fomentaba en las niñas cuando yo era pequeña, y quizá sea esa la razón por la que muchas mujeres batallamos ahora con esa responsabilidad. No tendemos a pensar de nosotras mismas como líderes, ya que la mayoría de las veces eso está reservado para entornos empresariales. Estoy aquí para decirte que no me importa quién seas o lo que hagas durante el día. Si trabajas fuera de casa o no, si estudias, o haces cualquier otra cosa, para mí es todo lo mismo en esta área. Necesito que abraces la idea de que tú eres líder. De hecho, todas necesitamos que hagas eso.

Me he pasado la última media década de mi vida construyendo una comunidad de mujeres —tanto en Internet como en persona— que cree en una filosofía parecida a la mía. Nos acogemos y apoyamos mutuamente sin importar lo que tengamos en común y a pesar de nuestras diferencias. Nos damos unas a otras espacio para pertenecer y el ánimo para perseguir nuestros sueños, y soy muy bendecida de que haya tantas que comparten mi visión. Doy gracias por la cantidad de mujeres que me siguen en línea, acuden a mis conferencias o compran mis libros, pero aquí está la verdad desde lo más profundo de mi corazón: no estoy buscando ni una seguidora más. No necesito que a otra mujer más le guste mi Instagram o piense que mis zapatos son bonitos. No estoy intentando desarrollar una comunidad de seguidoras. Intento desarrollar una comunidad de líderes.

¿Eres una persona influyente? ¿Formas parte de los medios de comunicación? ¿Diriges una conferencia? ¿Un negocio? ¿Un podcast? ¿Eres una mamá en la APM (Asociación de padres y maestros)? ¿Eres cajera en un banco local? ¿Eres voluntaria para la escuela dominical en la iglesia? ¿Eres estudiante de secundaria? ¿Eres abuela de siete nietos? ¡Estupendo! Te necesito. ¡Te necesitamos!

Necesitamos que vivas para cumplir tu propósito. Necesitamos que crees, inspires, construyas y sueñes. Necesitamos que abras un camino y después te des vuelta e ilumines la senda con tu magia para que otras mujeres puedan seguirte. Necesitamos que creas en la idea de que todo tipo de mujer se merece una oportunidad de ser quien había de ser, y puede que nunca entiendan eso si tú —sí, tú— no proclamas esa verdad a sus vidas.

Podrás hacer eso si antes practicas la idea de estar hecha para más en tu propia vida. Después de todo, si tú no lo ves, ¿cómo sabes que puedes serlo? Si las mujeres en tu comunidad, o en tu grupo de mercadotecnia, o en tu clase de zumba, no ven nunca un ejemplo de mujer segura de sí misma, ¿cómo encontrarán la valentía para ser ellas mismas así? Si nuestras hijas no ven que diariamente practicamos sentirnos no solo cómodas, sino también verdaderamente satisfechas por la decisión de ser totalmente nosotras mismas, ¿cómo aprenderán a mostrar esa conducta?

Perseguir tus metas para ti misma es muy importante, y yo diría que es un factor esencial a fin de vivir una existencia feliz y realizada, pero no es suficiente con solo darte permiso para hacer que tus sueños se manifiesten. Quiero retarte a amar la búsqueda y celebrar abiertamente quién llegas a ser a lo largo del viaje. Cuando tu luz brille más fuerte, otras no serán dañadas por el resplandor; serán alentadas a llegar a ser una versión más luminiscente de sí mismas. Así es como se ve el liderazgo. Los líderes son alentadores. Los líderes comparten información. Los líderes elevan una luz para mostrar el camino. Los líderes te agarran de la mano cuando la senda se pone difícil. Los verdaderos líderes están tan emocionados por tu éxito como lo están por el propio, porque saben que cuando a una de nosotras le va bien, todas las demás nos levantamos. Cuando una de nosotras tiene éxito, todas tenemos éxito.

Podrás liderar a otras mujeres hasta ese lugar si crees verdaderamente que cada mujer es digna y está llamada a algo sagrado. Eso requiere abrir tus ojos y tu corazón a ciertas mujeres que quizá no hayas notado antes.

Y aunque puede parecer un tema un poco ajeno a un libro sobre crecimiento personal, quiero pedirte que pienses en quiénes estás incluyendo en tu esfera de liderazgo. Quiero retarte a hacer algo.

Mira a tu alrededor. Mira tu Instagram. Mira el orden de actuación de los oradores para tu conferencia. Mira a tu equipo. Mira a tus amigos. ¿Son todos iguales? Y para que quede claro, no me refiero a si tienen distintos colores de cabello o estilos personales. Me refiero a, bueno, francamente, me refiero a cosas como: ¿Son todos del mismo color? ¿Son todos exactamente del mismo tipo? ¿Van todos a la misma iglesia? ¿Viven todos en la misma zona?

En este momento veo eso por todas partes en las redes enfocadas en las mujeres. Lo veo manifestarse sobre los escenarios. Lo veo aparecer en la fotografía del equipo de la empresa. Lo veo en la lista de oradores. Lo veo en la publicidad. Y cada vez que lo veo me pregunto: ¿Por qué esta homogeneidad no inquieta a este grupo? ¿Por qué no les molesta esta disparidad? ¿Cómo pueden reunir a dieciséis oradores, y solo uno de ellos *ser una mujer*? O en una conferencia de mujeres: ¿Cómo pueden escoger a diez oradoras para representar a todas las mujeres, y nueve *de ellas son de la raza blanca*? No creo que sea una decisión consciente en la mayoría de empresas, conferencias o círculos de amistades evitar la diversidad. Simplemente creo que tenemos tendencia a escoger lo que conocemos, y lo que mejor conocemos son personas que lucen, actúan y piensan como nosotros.

Sin embargo, amiga, no es así como se ve el mundo. No es así como se ve el negocio o el mercado. No es así como se ve nuestra comunidad.

La representación importa. Importa que te sientes en una audiencia y te veas a ti misma sobre el escenario. Importa que una empresa que vende a un mundo multiétnico y multicultural trabaje para incluir cada voz de modo que consideren todas las perspectivas posibles. Blancos, negros, latinos, asiáticos, viejos, jóvenes, gays, heterosexuales, cristianos, judíos, musulmanes, con distintas capacidades, de talla grande, pequeños... todo el mundo debería estar en tu mesa. Todo el mundo debería estar sobre tu escenario. Todo el mundo debería estar en tu equipo. Todo el mundo debería ser invitado a la fiesta de cumpleaños de tus hijos. Todo el mundo debería ser bienvenido en tu iglesia. Todo el mundo debería ser invitado a cenar. Cada mujer que conoces y cada una que no conoces podrían beneficiarse de la verdad de que es capaz de algo grande. ¿Cómo va a creer eso si nadie establece un ejemplo? ¿Cómo va a creer eso si nadie se interesa lo bastante como para ver esto en ella y declarar la verdad en voz alta?

Yo creo que hay magia en cada una de las personas que están leyendo estas palabras. Sé con cada fibra de mi ser que si todas las mujeres comenzaran a vivir más plenamente el llamado que hay en su corazón —a pesar de cuán aterrador e incómodo parezca a veces— sé que cambiaríamos al mundo. Lo increíble es que, al abrazar tu llamado y negarte a ocultar tu brillo, no solo harías que tu mundo resplandeciera más. Iluminarías el camino para las mujeres que vendrían detrás de ti.

CONCLUSIÓN

¡CARAMBA, CREE EN TU YO!

En este punto estoy enormemente entusiasmada. Casi empleo alguna mala palabra al ponerle título a esta última parte, solo para que supieras que estaba real y verdaderamente en «modo bestia» por ti. Pero entonces me di cuenta de algo: ya tienes que saber eso. Si no te das cuenta de que estoy muy entusiasmada por ti, por tus sueños, y por lo que vas a alcanzar en la vida, entonces es que aún no nos conocemos tan bien mutuamente.

He dedicado dos libros a la idea de que tú tienes el control de tu vida y eres capaz de cualquier cosa que te propongas en tu corazón y tu mente. He dedicado mi carrera y mi empresa, y por lo tanto, mi vida, a crear contenido que refuerce eso para ti una y otra vez. Creo en ti. Creo en ti plenamente. Sé que muchas mujeres no tienen a su lado a familiares o amigos que las apoyen y alienten a lo largo de este viaje hacia sus metas, así que por favor, quiero que sepas, en primer lugar y sobre todo, ¡que hay una entusiasta mamá de cuatro hijos que vive en algún lugar en un rancho en Texas que no puede esperar a ver lo que haces a continuación!

Aquí está lo segundo que necesitas saber, y por qué me detuve para no añadirle al título alguna palabra malsonante: no importa si yo creo en ti. No importa si estoy entusiasmada por ti. Puedo escribir mil libros y subir un millón de historias inspiradoras a Instagram, y nada de eso importa si no crees en ti misma.

Yo voy a estar ahí mañana para decirte que te levantes de la cama.

No voy a estar ahí la próxima semana cuando recorten tu turno en el trabajo y no sepas cómo vas a poder pagar la renta.

No voy a estar ahí cuando tu familia se burle de ti por intentar perder peso.

No voy a estar ahí cuando te caigas del tren.

No voy a estar ahí cuando salga todo a la luz.

No voy a estar ahí cuando te rindas.

No voy a estar ahí cuando tengas que regresar peleando.

No voy a estar ahí en tu vida enfrentando tus problemas.

¡Eres tú la que vas a estar ahí cada día, así que será mejor que creas que vale la pena pelear por tu vida!

Es así de sencillo y así de difícil.

Esto significa que tienes que obligarte cuando no quieras hacerlo. Significa que tienes que encontrar un modo de no atiborrarte de comida. Significa que tienes que tener una conversación difícil con tu hermana sobre cómo te sientes. Significa que necesitas hablar con tu cónyuge acerca de cómo pueden tener un matrimonio más fuerte. Significa que vas a tener que hacer muchas cosas que te hacen sentir incómoda. Significa que vas a tener que educar a tus hijos en lugar de darles lo que quieren a fin de mantener la paz. Significa que vas a tener que liderar a tu equipo con la sabiduría y la determinación de un gran entrenador en lugar de la aceptación ciega de una gran animadora. Significa que vas a tener que ser tu *propio* entrenador y también tu propio grupo animador. Significa que tienes que liderarte bien personalmente. ¡Significa que vas a tener que tratarte a ti misma con bondad, pero retarte a ser mejor!

Hay muchas cosas que vas a tener que hacer. Ninguna de ellas es fácil, pero todas son sencillas. El camino más fácil, el camino más rápido, para llegar adonde quieres ir es no rendirte. Cuando estás de pie al inicio de una carrera de larga distancia, parece muy abrumador. La idea de recorrer toda la distancia hasta la línea de meta —sin retirarte esta vez— parece desafiante. ¡No obstante, es posible si crees en ti misma! Has oído esa frase sobre la duda, ¿no? La duda matará más sueños de los que matará nunca el fracaso. Sin embargo, creer en ti misma te dará la fortaleza para volver a levantarte una y otra vez.

Tienes que enfrentar la vida día a día. Si un día entero te parece demasiado abrumador, voy a pedirte que lo enfrentes hora a hora y no dejes de recordarte: *Así es como yo soy.*

¿Recuerdas que visualizamos la mejor versión de ti misma, la mejor versión de quién eres? Eso es lo que eres en tu interior. Tu alma siempre ha sabido quién eres, y por eso no deja de inquietar tu corazón rogándote que escuches. De ahí viene tu *y si...* Eso es lo que te hace preguntarte qué más es posible. Eso es lo que te pone triste cuando no lo logras, porque en lo más profundo de tu ser sabes que una versión mejor de ti, una versión mejor de esta vida, está esperando al otro lado de ese *y si...*

Tu verdadero yo está destinado para algo más... tu versión del más. Fuiste hecha para ser eso, y el primer paso a fin de hacer realidad esa visión es dejar de disculparte por tener el sueño en un principio. Como dice Lady Gaga, nena, tú naciste así. No es tu tarea hacerte encajar en el ideal de otra persona; tu tarea es comenzar a creer en quién eres tú y de lo que eres capaz. Es momento de ser tú misma, sin disculpas, y de mostrarle al mundo lo que sucede cuando una mujer se reta a sí misma a la grandeza. Es momento de dejar de disculparte por quién eres. Es momento de convertirte en quien fuiste creada para ser.

RECONOCIMIENTOS

Siempre comienzo mis agradecimientos por el inicio, y para mi carrera como escritora eso siempre reside en mi agente Kevan Lyon. Es casi increíble hasta dónde he llegado como escritora, y es debido en gran parte a tu perspectiva y sabiduría, y al hecho de que imperturbablemente me haces poner los pies en la tierra cada vez que te lanzo una idea que involucra construir mundos o realismo mágico. Algún día, KL, algún día.

Gracias a Brian Hampton y al equipo de Nelson Books y HarperCollins que le dieron una oportunidad a *Amiga, lávate esa cara* y trabajaron muy duro juntamente con nosotros para convertirlo en un éxito: Jenny Baumgartner, Jessica Wong, Brigitta Nortker, Stephanie Tresner, Sara Broun, y cada miembro del equipo de ventas que defendieron mi trabajo ante nuestros colaboradores minoristas y siguen respondiendo mis correos electrónicos, incluso cuando son molestos y probablemente excesivos.

Gracias a Jeff James y al equipo de HarperCollins Leadership por creer que un libro que se enfoca en establecer metas y alcanzarlas era la secuela perfecta para un libro que hablaba sobre vello en los dedos de los pies e incontinencia.

Como siempre, un gran reconocimiento al equipo de Hollis Company, que sigue siendo el grupo de trabajo más duro en esta industria o en cualquier otra. Somos pequeños, pero poderosos. Somos el pequeño motor que podríamos lograrlo. No permitan que nadie les diga que un pequeño grupo de personas determinadas no puede cambiar el mundo; ellos ya lo han hecho.

Gracias también a mi amiga Annie Ludes, que ilustró las imágenes en este libro. ¡Una representación visual de mi locura no es tarea fácil, pero Annie se las arregló para lograrlo con creces!

A riesgo de parecer cursi, quiero dedicar un momento a reconocer a mis mentores. Ninguno de ellos tiene idea de quién soy yo, pero su trabajo me ha dado las herramientas para cambiar mi vida y mi negocio, y estaré siempre agradecida por la dirección que han puesto a disposición de soñadoras como yo. Dave Ramsey, Oprah Winfrey, John C. Maxwell, Keith J. Cunningham, Elizabeth Gilbert, Phil Knight, HRH Beyoncé Knowles Carter, Ed Mylett, Brendon Burchard, y más especialmente, Tony Robbins, han sido todos fundamentales para mí. Si yo he influenciado tu vida como escritora, es porque estos maestros han influenciado mucho mi vida como estudiante.

A mis hijos: Jackson Cage, Sawyer Neeley, Ford Baker y Noah Elizabeth. Espero que los sueños que persigan enciendan sus corazones; es mi oración que viva mi vida de tal modo que les haga creer que cualquier cosa es posible.

Y como siempre, dejo el mayor y mejor agradecimiento para el último lugar. Dave Hollis es mi piedra angular, mi animador, y en muchos aspectos el cuidador que no tuve anteriormente en mi vida. También es ahora mi socio de negocios. A mitad de la escritura de este libro dimos un gran paso de fe, el cual no nos pareció tan grande. Mudamos a nuestra familia y nuestra empresa de Los Ángeles a Austin. Dave dejó un lucrativo empleo en Disney tras diecisiete años y se alejó de un título y un salario que otras personas matarían por tener. Hizo todo eso porque cree en esta visión tanto como yo. Queremos desarrollar una empresa que les dé a las personas las herramientas y la inspiración para cambiar sus vidas. Es un ideal grandioso y un gran llamado misional. Yo no podría hacer este trabajo sin ti, amor mío.

ACERCA DE LA AUTORA

Rachel Hollis es una autora exitosa reconocida por *New York Times* **y** *USA Today*, una de las principales creadoras de podcasts sobre los negocios, y una de las oradoras motivacionales más solicitadas del mundo. Como autora de éxitos de ventas y una persona influyente notoria en lo que respecta a estilo de vida, ha construido una base de seguidoras global en las redes sociales que se cuentan por millones. Es una orgullosa mamá trabajadora de cuatro hijos y una gran fan del pequeño pueblo en la zona montañosa de Texas que la familia Hollis denomina hogar.

Acompáñala en Instagram (¡su red social favorita!) @MsRachelHollis.

Para saber más sobre TODAS las cosas, visita TheHollisCo.com.

NOTAS

Parte I: Excusas de las cuales deshacernos

1. Google dictionary, s.v. «excuse» [excusa] consultado en línea 15 septiembre 2018, https://www.google.com/search?active&q=Dictionary#dobs=excuse, taken from *Oxford Dictionaries*, s.v. «excuse», https://en.oxforddictionaries.com/definition/excuse.

Excusa 1: Eso no es lo que otras mujeres hacen

1. Brené Brown, «Listening to Shame», TED vídeo, 20:32, charla presentada en TED2012, marzo de 2012, transcripción, 13:20, https://www.ted.com/talks/brene_brown_listening_to_shame.

Excusa 9:Las chicas buenas no alborotan

1. Del título del libro de Laurel Thatcher Ulrich's, *Well-Behaved Women Seldom Make History* (New York: Knopf, 2007).

Parte II: Conductas a adoptar

1. Google dictionary, s.v. «behavior» [conducta], consultado en línea 24 septiembre 2018, https://www.google.com/search?active&q=Dictionary#dobs=behavior, taken from *Oxford Dictionaries*, s.v. «behavior», https://en.oxforddictionaries.com/definition/behaviour.

Conducta 1: Dejar de pedir permiso

1. *American Heritage Dictionary of the English Language*, 5th ed. (2016), s.v. «qualify» [calificar], énfasis añadido.

Conducta 3: Abrazar tu ambición

1. *Oxford Dictionaries*, s.v. «ambition» [ambición], consultado en línea 25 septiembre 2018, https://en.oxforddictionaries.com/definition/us/ambition.

Conducta 4: ¡Pedir ayuda!

1. J. F. O. McAllister, «10 Questions for Madeleine Albright», *TIME*, 10 enero 2008, http://content.time.com/time/magazine/article/0,9171,1702358,00.html.

Conducta 7: Aprender a decir no

1. Cita original de Derek Sivers. Citado en Jen Hatmaker (@jenhatmaker), «As you move into 2016 hoping for a saner schedule that prioritizes your actual life and keeps you focused on the things that matter the most». Facebook, 4 enero 2016, https://www.facebook.com/jenhatmaker/posts/as-you-move-into-2016-hoping-for-a-saner-schedule-that-prioritizes-your-actual-l/881671191931877/.

Parte III: Habilidades a adquirir

1. *Oxford Dictionaries*, s.v. «skill» [habilidad], consultado en línea 20 septiembre 2018, https://en.oxforddictionaries.com/definition/skill.

Habilidad 2:Confianza

1. Tara Sophia Mohr, «Why Women Don't Apply for Jobs Unless They're 100% Qualified», *Harvard Business Review*, 25 agosto 2014, https://hbr.org/2014/08/why-women-dont-apply-for-jobs-unless-theyre-100-qualified.

Habilidad 4: Eficacia

1. Gary Keller y Jay Papasan, *The One Thing: The Surprisingly Simple Truth Behind Extraordinary Results* (Hudson Bend, TX: Bard Press, 2013).